放飞青春梦　志愿西部行

——安徽农业大学研究生支教团5周年纪念文集

裴树东　主编

合肥工业大学出版社

图书在版编目（CIP）数据

放飞青春梦　志愿西部行：安徽农业大学研究生支教团5周年纪念文集/裴树东主编.
—合肥：合肥工业大学出版社，2019.12

ISBN 978-7-5650-4811-1

Ⅰ.①放…　Ⅱ.①裴…　Ⅲ.①不发达地区—教育工作—安徽—纪念文集
Ⅳ.①G527.54-53

中国版本图书馆CIP数据核字（2019）第299901号

放飞青春梦　志愿西部行

——安徽农业大学研究生支教团5周年纪念文集

裴树东　主编　　　　责任编辑　陆向军

出　版	合肥工业大学出版社		**版　次**	2019年12月第1版
地　址	合肥市屯溪路193号		**印　次**	2019年12月第1次印刷
邮　编	230009		**开　本**	787毫米×1092毫米　1/16
电　话	综合编辑部：0551-62903028		**印　张**	10.25
	市场营销部：0551-62903198		**字　数**	180千字
网　址	www.hfutpress.com.cn		**印　刷**	安徽联众印刷有限公司
E-mail	hfutpress@163.com		**发　行**	全国新华书店

ISBN 978-7-5650-4811-1　　　　定价：68.00元

编委会

主　编　裴树东

副主编　张　健　任　琪　邢　轶　张志平

编　委　张　璐　吕莎莎　胡　翔　赵俊龙
程　茜　李　想　阮熹晟　朱亚文
梁梦琦　王志伟　张文娟　周国安
江　蕊

前　言

“用一年不长的时间，做一件终生难忘的事。”有这样一群安农青年，他们积极响应国家号召，义无反顾地投身大学生志愿服务西部计划；他们心怀梦想，用青春诠释使命和担当，用汗水谱写西部教育新篇章。一幕幕由17名青年志愿者接力演绎的青春故事，一个个发生在支教学校的温暖动人瞬间，都诠释着安徽农业大学研究生支教团志愿者们的共同誓言：到基层和人民群众中去建功立业，让青春之花绽放在祖国最需要的地方。

中国青年志愿者扶贫接力计划研究生支教团项目由共青团中央、教育部共同组织实施，从1998年开始组建，1999年开始派遣，采取自愿报名、公开招募、定期轮换的“志愿+接力”方式，每年在全国部分重点高校中遴选、招募一定数量身心健康，具有奉献精神，符合研究生推免资格的应届本科毕业生或在读研究生，到中西部贫困地区中小学开展为期一年的支教志愿服务，同时开展力所能及的扶贫工作。

“到西部去，到基层去，到祖国最需要的地方去”，伴随着时代的召唤，安徽农业大学自2013年加入中国青年志愿者扶贫接力计划研究生支教团项目以来，先后选拔5届17名志愿者参与其中，投身西部支教，涌现出全国优秀志愿者李然、全省志愿服务大赛金奖获得者朱亚文等先进典型。5年来，安徽农业大学研究生支教团认真开展教学工作，传播先进文化、科学理念和专业知识，让贫困地区的孩子“开眼界”“长知识”“增才干”，直接支教学生1.2

万人，组织开展各类校园文化活动百余次，为服务地家庭经济困难学生募捐各类学习、生活用品和助学金价值100余万元，用实际行动践行了“团结、勤奋、求实、创新”的校训和“奉献、友爱、互助、进步”的志愿服务精神，为服务地贵州省铜仁市石阡县的经济社会发展，尤其是教育事业的进步做出了力所能及的贡献。他们发扬了新一代安农人艰苦奋斗、无私奉献、开拓创新、献身“三农”的“大别山道路”精神，用实际行动在实现中国梦的伟大实践中书写了自己别样精彩的人生青春。

今年是中华人民共和国成立70周年，为了记录我校研究生支教团5年来走过的精彩历程，重温5年来研究生支教团志愿者充实、温暖、无悔、难忘的青春记忆，展现5年来研究生支教团志愿者的理想、信念、使命和追求，树立青春榜样，感召安农青年，引领广大安农学子坚定理想信念，志存高远，脚踏实地，勇做时代的弄潮儿，争做新时代的奋斗者，我校特推出这本文集以做纪念，向中华人民共和国成立70周年献礼！

编委会

2019年9月

目　录

青春画册

青春记忆

青春感动

青春印记

青春画册

什么是青春？“青春是那盛开的花，青春是那醇香的酒，青春是那南飞的雁，青春是那根永不褪色的青藤……”5年前，我们暂别母校，踏着青春步伐，怀揣青春理想，唱响青春之歌！

一、我们，来啦！

图1－1 第一届研究生支教团成员郭棒、李然、朱存玺抵达汤山中学

图1－2 第二届研究生支教团成员鲁屹、宋浩楠、苗玉晴从母校出发

图1－3　第三届研究生支教团成员秦晗、戴姗、张妍在母校南门合影

图1－4　第四届研究生支教团成员阮熹晟、朱亚文、吕旺、姚瑾凡参加志愿者培训

图1-5 第五届研究生支教团成员程茜、梁梦琦、王志伟、张文娟抵达河坝镇初级中学

二、我们的世界

图2－1　第一届研究生支教团成员郭棒、李然、朱存玺参加"雷锋在身边"
——2015年石阡县"3・5"学习雷锋志愿服务活动

图2－2　第二届研究生支教团成员鲁屹、宋浩楠、苗玉晴在石阡团县委协助团县委工作

图2－3　第三届研究生支教团成员秦晗、戴姗、张妍深入贫困村，开展暖冬行动

图2－4　第四届研究生支教团成员阮熹晟、朱亚文、吕旺、姚瑾凡在石阡县志愿者实名注册点

图2-5　第一届研究生支教团成员李然在实验课上教学

图2-6　第一届研究生支教团成员朱存玺在课外兴趣班上讲解

图2-7 第一届研究生支教团成员郭棒讲课精彩瞬间

图2-8 第二届研究生支教团成员鲁屹上课时让学生们上台展示

图2－9　第二届研究生支教团成员苗玉晴在化学实验课上指导学生

图2－10　第二届研究生支教团成员宋浩楠在物理课上讲解知识点

图2－11　第四届研究生支教团成员阮熹晟在给学生们上共青团团课

图2－12　研究生支教团成员为学生们分发暖冬行动的募捐物资

图2－13　第五届研究生支教团成员梁梦琦、王志伟、张文娟参加文艺走基层活动

图2－14　第五届研究生支教团成员程茜参加中国少年先锋队铜仁市第一次代表大会

三、领导关怀

图3－1　安徽农业大学党委副书记裴树东（上起第一排左四）
一行赴石阡县河坝中学看望慰问研究生支教团成员

图3－2　安徽农业大学时任党委副书记李恩年前往石阡县看望志愿者

图3－3　团中央志工部张俊虎一行慰问研究生支教团

图3－4　安徽省西部计划项目办领导慰问支教团成员

图3－5 团中央志工部领导慰问石阡县西部计划志愿者

图3－6 领导走访（左起：石阡县副县长张国民，贵州省志愿者行动中心主任邓守成，西藏人社厅社保局副局长姜文凤）

图3-7　石阡县关工委领导看望慰问研究生支教团成员并参观研究生支教团开办的“七彩假期　春晖感恩”教育课堂

图3-8　贵州省志愿者行动指导中心主任邓守成来石阡县慰问西部计划志愿者（含研究生支教团成员）

图3-9 石阡县副县长彭豪到河坝中学看望慰问研究生支教团成员

青 春 记 忆

“人的一生只有一次青春。现在，青春是用来奋斗的；将来，青春是用来回忆的。”当我们踏上故乡的归途，回忆青春的路程，我们心潮澎湃，我们无比骄傲！这里有我们最难忘的歌谣，这里有我们最难忘的诗篇！

无悔黔行

——第一届研究生支教团成员 郭 棒

自大学生西部计划——研究生支教团实施以来，大学生赴祖国偏远地区支教的事情屡见不鲜，而支教老师的无私奉献及孩子们的求知若渴是大家对支教的印象。4年前，恰逢本科毕业之际偶然得知我校正筹备组建第一届研究生支教团，凭借着想用所学知识服务西部的青春热血我向校团委递交了申请，得到批准后于2014年7月前往支教地——贵州省石阡县汤山中学，参与八年级英语、七年级计算机课程的授课工作。

从不敢想，到想去做到，到做到所想的并不是一件容易的事。支教期间遇到的问题有些看似微不足道却至关重要：首先是语言方面的障碍。由于支教地较为偏僻，普通话普及程度不高，如何妥善、高效地与当地老师、学生交流是顺利开展工作的重要前提。意识到该问题的严重性，我与参与支教团的另外两名人员组成语言学习小组，利用工作预备时期通过寻求与当地人的沟通机会及小组互助探讨分享，在9月开学季之前基本攻克语言大关。其次，由于第一次踏上工作岗位，也是第一次为人师表，刚接触教学工作的时候压力很大，如何准确地掌握课程、精通课程且合理地传授课程亦是一项挑战。通过向老教师请教和课下反思，伴随课程的深入与心态的调整，我的教学能力得到提升，并逐渐适应了站在三尺讲台上的这份工作，享受这份工作带给我的快乐。以前如果阻止他人去做一件事情，只是简单地禁止别人去做，而现在我则会从另一种角度出发，去仔细地分析事情的原因、利弊、缓急，耐心地说给他们听，力求获得倾听者心底的认同。与此同时，在工作中也深刻地感受到教师身份的严肃性、言传身教的重要性，学高为人师，身正为人范，严格要求学生的同时也必须要严格要求自己。功夫不负有心人，在与学生们的共同努力下我所教授班级的英语单科，在期末的测评考核中排名同类班级第一。

服务汤山中学的一年来，我们三人在完成自身的教学工作的同时，对该地区扶贫援助工作也贡献了自己的绵薄之力。发起精准帮扶计划，通过微信、微博等网络平台向社会各界爱心组织及人士发出帮扶倡议，先后收到安徽农业大学校园爱心组织、平安财产保险公司江苏分公司、交通银行六安分行所捐献的资金、衣服和书籍文具，并已顺利递交到支教地学校——汤山镇中学及帮扶点——白沙镇化塘小学的贫困学生手中，不仅为孩子们排除学习之外的困扰，也收获孩子们一张张感恩的笑脸。

如今的我即将完成硕士阶段的学习，赴黔支教工作也已经过去3年，余音绕耳的是走在校园里学生们的每句老师好；挥之不去的是每逢节日收到学生的诚挚祝福。那些难忘的岁月已随时光的奔涌一去不复返，有时会想再一次去拥抱那片蓝天，亲吻那片曾经辛勤耕耘的土地，因为那些支教赋予生命的精彩久久不能忘怀。

镜头一

2017年11月25日，青年志愿者联合会与安泰社会服务工作中心人员来到城市绿苑小区进行募捐活动。本活动旨在为贵州省贫困地区的小朋友们募捐衣服、文具、玩具等，募捐物品由安农研究生支教团带给小朋友们。本次活动得到了大家的支持，我们的展台收到了许许多多的募捐衣物。衷心感谢大家的无私奉献！

用一年不长的时间，做一件终生难忘的事

——第一届研究生支教团成员 李 然

用一年不长的时间，做一件终生难忘的事。在贵州支教的一年是我人生中最宝贵的精神财富。

一、锻炼中成长，在团县委工作实践

结束了贵阳的培训之后，我们便来到了石阡县。刚来这里时正值暑假，我们主动申请在团县委进行工作实践锻炼。在此期间，团县委的领导及工作人员对我们工作和生活给予了无微不至的关心和照顾，让我们感受到了家的温暖。在团县委的这段时间里，我们圆满地完成了诸如石阡县幼教志愿者报名等一系列工作，提升了我们的工作能力。

二、以球会友，加入教职工篮球队

刚来到汤山中学，我听不懂地方语言，感觉难以融入这个集体。后来，学校领导知道我是一名篮球爱好者后，让我加入了教职工篮球队。通过每天在一起训练，我感受到了汤山中学老师们的热情与亲切。篮球无边界，作为篮球迷，我和篮球队的老师们建立了兄弟般的友情。也正是在这一个月的训练中，我逐渐能够听懂地方语言，逐渐和其他老师互相了解、互相信任。在全县教职工篮球比赛中，我幸运地代表全体运动员宣誓，同时比赛中队友们的拼搏和团结互助精神更是深深地鼓舞了我。

三、肩负责任，承担物理教学

在汤山中学支教期间，我负责4个班级的初二物理教学工作，每星期承担四次晚自习。物理是一门初二才开设的学科，我深知任务的艰巨性与重要性，因此我始终坚持在实践中学习，在学习中实践，不断向经验丰富的教师请教学习。10月下旬铜仁五中来我校进行交流学习，我有幸被选定参加教学评比交流。在准备校际交流公开课的过程中，

我认真研究教材，并且得到了物理教研组各位老师的大力支持。在近一周的备课过程中虽然时常要熬夜，压力很大，但是却收获了巨大的精神财富。校际公开课上，我的表现获得了汤山中学和铜仁五中各位老师的一致好评，我也在此次公开课中学到了很多教学方法，更新了教学理念，提升了课堂表现力。

四、学以致用，撰写调研报告

来到汤山中学之后，石阡县团县委让我们研究生支教团以汤山中学为试点，完成一项“探讨家庭教育、学校教育和社会教育有机结合”的调研任务，并提交一份调研报告。我们研究生支教团接到任务之后，首先制订了翔实可行的调研计划。在实施计划的过程中，我们得到了汤山中学各个科室和许多老师的大力支持，获得了大量宝贵的第一手资料，为调研报告的成文打下了坚实的基础。因为我在本科学习期间有过社会实践和调研报告的写作经验，所以我负责调研报告的撰写。在报告的成文过程中，我根据翔实可查的历史资料、第一手的现实资料和一些老教师的访谈资料最终提升了调研报告的科学性、可靠性和价值意义。

五、发挥特长，积极参与文体活动

汤山中学虽然受到客观条件的限制，教学硬件较差，但是仍然会最大限度地丰富学生的课余生活和文体生活。10月份汤山中学举办了第八届“希望杯”九年级男子篮球比赛，学校领导安排我担任裁判员以及代表全体裁判员宣誓。在担任裁判期间，我看到了同样担任裁判即将退休的老教师在球场上奔跑，看到了汤山学子在球场上的拼搏，这些都让我感受到汤山中学积极奋发的精神风貌。

六、多平台锻炼，全面了解学校工作

开学之后，汤山中学的领导将我分配到了行政办公室工作。在工作期间，我了解到办公室工作的重要性与复杂性，更有机会对汤山中学的基本情况有了一个初步的了解。办公室的老师们细致入微的工作风格和一丝不苟的工作态度都给我提供了学习榜样。在办公室工作期间，我始终秉着学习的心态，努力完成学校安排的工作任务，得到了领导们的充分肯定。

在汤山中学虽然只有短短的一年，虽然这里的教学硬件相对落后，虽然这里的饭菜不那么符合口味，虽然这里的语言我还不能完全听懂，虽然这满眼望去都是望不到头的大山，但是这里的人、这里的物、这里的一草一木都让我感受到温暖和爱。每当我看见

稚嫩可爱的孩子们那求知的眼神和对大山外面世界的向往，我都会明白我正在参与的是一件高尚而伟大的事业，我都会意识到我们肩上的责任。每当我看到六十多岁却依然奋斗在教学一线的老前辈，我都会被感动，我懂得了人活在世上不仅仅是为了自己。每当我看到因为家庭困难而辍学离校的孩子，我都会被震惊，我想我们所有人都该为此做些什么。我会想念家乡，我会思念亲人，但我更愿意用我的汗水播撒爱的种子，用我的青春来传播希望！我，永远在路上！

镜头二

在国庆、中秋双节即将到来之际，安徽农业大学研究生支教团联合现服务学校——文博中学，前往位于石阡县白沙镇化塘村的化塘小学开展“喜迎国庆，欢度中秋，情暖化塘”爱心捐赠活动。志愿者们带着满载社会各界爱心的物资冒着大雨驱车一个多小时赶往化塘小学。孩子们的教室很简陋，午餐也不丰盛，但这却是学校仅有的几位老师能给他们最好最多的了。

支教那些事儿

——第一届研究生支教团成员　朱存玺

2014年7月，我作为安徽农业大学首届研究生支教团的团长，带队一行3人来到了贵州省石阡县汤山中学进行为期一年的支教活动。一年的支教时光转瞬即逝，离开支教学校快三年了，我也即将踏入工作岗位准备迎接一段新的生活。现在回想起来，那是一块承载我人生理想、激励我奋勇争先的地方，那块土地上的美好时光仍然记忆犹新、令我久久不能忘怀。

我的支教简介

怀揣着“我奉献、我快乐，让青春无悔”的理想，我来到了贵州省石阡县汤山中学开始了支教生活。首先，生活方面，我积极融入当地的环境中，包括气候、饮食、语言等方面，为后面工作的顺利开展打下良好的基础。其次，工作方面，作为研究生支教老师，教学是我的主要工作，扶贫是我在教学过程中工作的重点。

一、关于教学

作为研究生支教团，我们的主要工作就是教学。这一年当中我承担了数学、化学以及生物三门课程，教学任务为周一到周五共计12节课的授课、一个早自习和两个晚自习的看管、答疑以及周六一天初三毕业班的额外补课。除此之外，我还利用空余时间给一些同学“开小灶”——给成绩较差的学生复习课上内容并进行基础知识讲解，增强他们学习的自信心；给成绩较好的学生进行相应知识点的拓展加深，拓宽他们学习的知识面。这一年中，我充分利用课堂开展“先自学分组讨论，后自讲共同探讨”以及“举例子、做实验、看影片相结合”等多种教学模式，培养他们的自学能力，满足他们荣誉感的同时增强他们对学习、生活的自信心。常言道，授人以鱼不如授人以渔，对于我们支教老师来说，固然在一年的时间内让学生的成绩有所进步是极好的；但年后就要离开，我认为在这一年中，教授他们学习的方法以及积极乐观的生活态度更是一个好的选择，也最能达到我们志愿者支教的目的。秉承着这样的教学理念，在一年的教学工作结束后，我所带的班级相较之前而言，不仅成绩方面取得了明显进步，而且个人的态度和能力也有了相应提升，这是我最开心的。

二、关于扶贫

在做好教学工作的同时，我和我们团队也积极地参与到扶贫工作当中。目的就是要利用这一年的时间尽我们最大的努力，给这里的孩子提供尽可能多的帮助。

首先向当地学校相关领导、老师了解基本情况；其次通过走访学生家庭等形式去了解哪些地方需要帮助，哪些学生需要帮扶，具体在哪方面进行帮扶，根据调研结果制订相应的帮扶计划；最后我们结合这些实际需求，通过自己和团队的共同努力，积极呼吁广大社会成员的帮助。这一年我们共筹集书籍1000余册、新旧衣物200余件及现金4000余元，帮助了远离县城的一所小学的69名学生；开展课余兴趣班、心理班帮扶汤中学生10余人次。这不仅给予他们物质上的帮助，而且从心理上也给予了他们帮助，增强他们迎接生活、勇于面对困难的自信心。

我的支教感触

贵州一年的支教生活是我20多年来第一次离家那么久，犹记得当我把去贵州支教这一消息告诉耄耋之年的姥姥时，她是多么的不舍，一再劝说让我不要跑那么远。我嘴上答应她，可身体连同我的心还是坚持准时到达了支教地点。对于我年迈的姥姥或多或少还是有歉意，因此，当支教结束后，我第一时间就回去看望了她老人家。

这一年我终究还是坚持下来了。饮食习惯是我到达支教地遇到的第一个困难，之前无论在家还是在学校，饮食均以清淡为主，但这里地处海拔1000余米之上的高原，气候潮湿，每一道菜、每一顿饭简直是无辣不欢。刚开始的几个月，每天都处在上火的状态——早上刷牙看到的都是红色，有时候口腔溃疡到不能吃饭，甚至有时候出现了便秘。当时支教的日子才刚刚开始，日子还很漫长，我清楚地知道这些状况我必须要适应，多喝水是我面对饮食习惯问题的唯一对策。当学校领导和老师了解到这个情况后，他们从家里带来符合我们口味的早餐；周末带我们出去品尝这里的小吃；还会经常买些零食送给我们。不仅如此，学校领导时刻关注着我们的饮食，特地给食堂打招呼，给我们“开小灶”。这些都让我感受到了亲人般的关怀和家庭般的温暖。

其次的困难是语言问题。支教的地方90%以上的都是少数民族，那里的老师和学生时常说一些方言，更多情况下是方言夹杂着普通话，语言不通哪怕你说得再好也是枉然。平时在办公室里我会和当地的老师们交流，不仅向他们学习教学经验，还向他们学习当地的方言。课下我还特意留心学生们说的话，遇到听不懂的请他们教我。时间一长，虽然我说不了方言，但是却可以听得懂他们表达的意思了，也就算基本通过了语言关。

还有一个问题就是关乎自我心态上的转变。初从学生成为一名老师，以及支教前的心理辅导，让我在心中埋下这样一颗种子——那里的孩子都很听话好学，只是基础差了点。然而真正到它发芽的时候，却不曾想到土壤的上面还压着一颗石子。正是由于成绩比较差，加上家庭环境等因素的影响，导致他们丧失求知的欲望，对学习没有兴趣。此外，他们活泼好动的天性没有得到正确的引导，现实的课堂与我来之前对课堂的设想有所偏差，这给我带来了巨大的心理落差。在了解这一情况后，我默默告诉自己——如果我放弃了，他们只能随波逐流，学校既然把班级学生交给了我，我就要尽职尽责把他们带好。一方面我把心里的想法告诉同办公室的老教师，听他们的建议；另一方面我在网上查阅资料，为自己进行心理辅导；此外我还和自己本科同学交流，听听他们的想法。在多种举措并行下，我渐渐学会“因材施教”。在课上，我会穿插着讲述我的大学生活和外面的精彩世界，带他们开阔视野；在课间，我时不时播放一些励志的电影，和他们一起讨论主人公成长过程中的历练并进行反思；在课下，我与他们渐渐成为无话不谈的好朋友，聆听他们对世界的看法。在这个过程中，我一边激励他们好好学习，追求更好的自己，一边让他们懂得积极的态度和正确的人生观是学习生活的基础的道理。

这一年的经历让我受益匪浅。一个人来到异乡生活工作，对于我就是一个很大的挑战。这一年我坚持下来了，并且尽我所能做到了最好。我相信经过这一次的洗礼后，今后无论面对什么工作岗位，我都有信心可以坚持下去。从学生到老师的角色转变并非易事，幸得许多优秀教师的帮助，我在他们身上学到了正确的教学态度。此外，我积极参加学校举行的公开观摩课、校际交流课等活动，尝试新的教学方法，这也让我从刚开始的不适应、不熟悉，到后来能够驾驭课堂，很好把握上课重点、上课进度。在这一年生活中，无论是学校的领导还是一起教学的老师都把我们当成朋友，当成自己的孩子一样照顾，临别时的泪水正是这一年感情最好的见证。这一年，我收获了千里之外的亲情和友情，当初的选择没有错。

支教让我成为更好的自己

——第二届研究生支教团成员 鲁 屹

回顾那一年的支教生活，虽然已经过去了两年，那里的人、那里的事、那里的景依然历历在目，让我热血澎湃。能够赢得孩子们的喜爱，受到服务地学校老师们的好评，得到上级领导的肯定，并让我成为更好的自己，这一切的付出都是值得的。

（一）

不像同届的研究生支教团成员曾带过家教或有过类似的实践活动，在此之前我从未站上过三尺讲台。面对一双双渴求知识的大眼睛，第一节课时，我的内心是慌张的——我怕自己语言不通顺，怕普通话不标准，怕教学思路被打乱……事实上，我的确乱了。紧张的我开始结结巴巴，脸上挂满汗珠，在介绍生物的七大特征时举错了例子。台下的孩子们看到新老师冒汗，有的开大了电风扇，有的悄悄递上纸巾，看着孩子们善意的举动，我突然冷静了下来。我明白，只有我自己在畏首畏尾，面对着这些渴望知识的孩子们，我岂能因为自己的紧张而辜负他们的期待。我渐渐调整好自己的状态，镇定自若地完成了教学任务，直到下课铃响，孩子们的“鲁老师再见”一声落下，我才长舒一口气。我认识到这儿的孩子们单纯得像一张张白纸，我的责任就是用心地将他们描绘。在此后的很长时间，我才意识到，其实我也是一张白纸，孩子们的表现同样也在描绘我。在他们的描绘下，我学会了沉着冷静、明白了责任担当的意义。

回来之后在新班级的学生工作中，我义不容辞地担当了党支部书记一职，我坚信我能够带领这个集体在研究生这3年做出不平凡的成绩。我希望传授我一年的支教经验给支部17名党员，希望我身上的正能量能够感染周围更多人。我利用“三会一课”述说支教时的种种经历，和困难党员说贵州那些坚毅勇敢的孩子们的故事，和入党积极分子说孩子们决心入团时的积极表现。我总是有意地在支部生活中穿插在贵州那一年的见闻。通过这样做，我能够引导一股党员力量关注西部、了解西部，甚至激发他们服务西部的热情。

（二）

最初我向教导主任表明意向想教化学，一是因为与我本科专业相近；二是我觉得化学是在九年级开课，我可以顺带为他们中考提供帮助；三是我中学时化学成绩很好，对化学理解较深。后来因为学校招来的老师分配不均，一些“副科”老师稀缺，我便承担了七年级六个班的生物学科教学任务。起初，我以为生物不是中考科目，孩子们学习热情不会高，但事实上孩子们对这门教授花鸟鱼虫、人与自然的学科有着极大的兴趣，课上积极互动，课下更是成群结队往我办公室跑，找我要上课演示的生物视频或者标本。我很欣慰，兴趣永远是最好的老师。

重回大学课堂，研究生的生活往往是比较枯燥的，同学们常说日复一日的实验简直让人崩溃。但我深受那两三百个孩子的影响，做一行爱一行，保持着一颗好学的心，发掘实验的问题所在。在科研学习中，我面对众多中英文文献时从不懈怠，不断尝试改进和完善实验设计，实验效果颇为理想。

（三）

我同时还负责七年级住校生的日常管理，一百多个孩子就有一百多种调皮捣蛋的方式。和他们亦师亦友的相处中，有很多让我深受感动的事。比如每周安排一个宿舍值日，宿舍中10个人都分配好任务。有的孩子体质弱，大一点的孩子会帮衬着。有时候孩子调皮受了伤，其余9个人毫无怨言地干着10个人的活。再比如作为生活老师需要协调这群青春期孩子的各种矛盾，无理取闹的孩子固然有，但其中不少孩子极其懂事，我把他们喊上去解决矛盾，我只需要站在一旁，他们自会搞定一切，说的道理让我这个受过十几年教育的老师都佩服。可能真的应了一句话——穷人的孩子早当家。

回到学校中，不管在宿舍还是实验室，我都努力发挥先进性，想他人之所想，十几岁的初中生尚能做到，我又怎能做不到呢。室友们往往需要打水倒垃圾时，我能做的都一起做了，因为我知道，相亲相爱一家人的宿舍氛围不是嘴上讲讲就行的。科研上，同门或者同学需要帮助时，我总是义不容辞，不会因为我忙于自己的实验或者论文能躲就躲。我明白我的付出不会是一场空，在我有需要的时候他们也会挺身而出，何况我在帮助他们的同时往往也能激发自己的灵感，受益匪浅。

（四）

我们支教团曾多次捐助贵州省白沙镇化塘小学。我去的那次，车从县城出发，颠簸了不知道多久终于停了下来，我根本没意识到已经到了化塘小学——因为这里根本没有学校的样子，杨校长腾出来自家两个房间就改成了教室。刚下车杨校长就热情地和我们握手，他的手很干净，是专门洗过的那种干净。捐赠仪式上，有一条横幅，写的是“安徽农业大学研究生支教团石阡汤山中学捐赠仪式”，是杨校长在几张红纸上用毛笔手写的，一笔一画写得很工整。给孩子们分发我们募捐的物品时，每发到一位孩子手中他们就会说声“谢谢”。一声声的谢谢，让我发完一圈下来已经热泪盈眶。还有一个细节，我和一个小孩子想拍一张合影，拍的时候他并没有什么反应，但是当我给他看照片的时候，他一下子就乐了，一副很满足的样子，还主动抱了我一下。这些人的质朴给我上了一课。

余光中先生曾经跟友人说过一段话，他说，《乡愁》原本表达的是淡淡的哀愁，但看到内地演员朗诵《乡愁》，总是激动，甚至凄厉，有样板戏的风味，令人很难为情。大概他们误以为，声音需要华丽，一切的情感表达需要夸张，才能引人入胜。淡淡的，质朴的，会被人忽略和漠视。现代人中不缺乏单纯的人，但更多的是被层层面纱包裹的人。总有一些不纯洁的想法，将事物的本质层层遮蔽，人为地把一切都弄得很复杂。我在和周围人相处时，极力想做到返璞归真，不戴着有色眼镜，也不带着杂乱的想法。我只想把复杂变简单，把曲线变直线，回归人和事物的本色，这样大家都畅快。

这一年的支教，带给我的不只是“志愿服务先进集体”“铜仁市优秀志愿者”这些荣誉，还有足以汇成大海的点滴感动。这些感动改变了我的生活和学习方式，让我成为更好的自己。我会永远珍惜。

西部支教一路黔行

——第二届研究生支教团成员　苗玉晴

在贵州的那些日子，是我人生中浓墨重彩的一笔，也是一段黄金时光：树在、山在、学生在、我在，这就是最好的世界。那时候关注的是大自然和我想做的事，远离城市的繁华、关于未来的压力，教书育人，内心很丰盈。

从大一暑期赴肥东县阳光小学爱心支教开始，我便踏上了关爱留守儿童的志愿之路，也为自己去祖国大西南支教埋下伏笔。

选择支教跟我大学4年的经历是分不开的，每年暑期我都参与“三下乡”活动。由开始的院级团队到校级团队再到后来的国家级重点团队，我们始终做关爱留守儿童的项目。让我感动的是，我在关心他们的时候，我也被他们惦念着：大三的暑假，我收到了一张来自上海的明信片，原来这是我曾经帮扶过的侯店小学的孩子寄来的。后来，这张明信片的故事还刊登在《江淮晨报》上。一点小爱心一步步被鼓励、被肯定，这激发了我、鼓励了我，当有机会去做真正意义上的支教时，我给家人打了10分钟的电话就做了决定。

到西部去，到基层去，到祖国最需要的地方去，这是我们掷地有声的信念。2015年7月30号，我来到坐落在龙川河畔的汤山中学。岁月河山，城镇乡野，真的很美。那里的人把孩子喊作娃娃，用盆盆、碗碗、杯杯的叠字来称呼脸盆、饭碗、茶杯的叫法很是独特。那里盛产苔茶和温泉，那里无辣不欢，那里风景旖旎，那里民俗民风享誉中外，那里有连绵不断的山，山路的确十八弯。特殊的地理环境，让那里美得默默无闻。

刚到的第二天我就发烧到39.2℃，在小伙伴的照顾下很快就康复了。8月的大部分时间我们在团县委实习，对于石阡县有了一定的了解。开学第一天，就有学生迟到、餐盘被扔、垃圾乱扔等现象。从那以后我们放弃午休，开始陪寝，查仪容仪表，振兴道德讲堂，校园风气大大改观。

刚走上讲台的我，既兴奋又紧张，孩子们对大学生模样说普通话的我很感兴趣。借此契机，我告诉他们化学好学好玩，是一门全新的课程，每个人都可以学得好，树立孩子们学好化学的信心，用一颗谦虚的心多学、多问、多做。中考时，我带的三个班在同类班级中分居第一、二、四名。

那一年我没有过双休日，跟孩子们同吃同住，共同成长。

教学上，我多跟有经验的教师请教，做好充分准备；课程结合生活，用精彩的实验引导学生探究知识点，孩子们学习劲头十足。随着课程难度的增加，有学生觉得吃力而不那么积极了。除了提升讲课水平，我也摸索出了三种有效的方法。一是课下复习、课前预习，培养了学生自主学习能力，也降低了新课难度；二是习题训练一对一辅导，利用晚上和周六有针对性地给学生查漏补缺；三是成立化学兴趣小组，并对有进步和表现优秀的学生给予鼓励。

生活中，学生们也常和我谈心。李丽说，是我让她爱上了化学；周波说，听过我的团日讲座，他再也没有在班级捣乱。中考临近，有学生感到烦躁，我就带她们去跑步，没几天，跑步大军就有了几十个学生。刚起步时学生们以超过我为荣，我会用跑完5千米告诉他们成功贵在坚持。

为了帮助刚进入青春期的他们，我看了些心理学方面的书，“你很特别”这句话说出了不少孩子的心声。有个学生说他想当老大，我跟他说，想当老大得先做小弟，小弟很苦啊。他考虑许久，终于放弃这个想法。还有个学生有用小刀乱刻乱划的陋习，原来在家他爸爸酗酒后会失控。我建议他参加足球队，把压抑的内心发泄出来。后来他靠着在水泥地上练就的硬本领获得市级比赛第二名。

平时，我会把自己看的书、好吃的食物跟学生分享，他们也很暖心：有学生会给我带自己家种的地瓜、板栗；有学生得知我宿舍后门有蛇，特地从家带了硫黄粉；还有学生画我的肖像做成贺卡送给我。

在汤山中学支教的同时，我和支教团的其他同学一起去帮扶了环境更恶劣、位置更偏僻的化塘小学。第一次拜访我被触动了——废弃民房改建的教室，穿着破旧衣服的孩子，61个孩子，一个老师，唱着《学习雷锋好榜样》这样的革命歌曲。二年级简直是“明星班”，我第一个认识的孩子是杨兰，然后是刘翔和杨威……一个个响当当的名字寄托了父母的无限希冀。没一会我就跟孩子们玩成一片，可有个孩子始终一言不发。我蹲下来，请求她跟我做朋友，终于破了冰。爸爸失明，妈妈精神缺陷，5岁的周应群衣衫单薄，脸和手都黑黑的，我跟她说要学会把手和脸洗干净，我会再来看她。第二次到访是圣诞节，我们给孩子们带来了丰厚的礼物，孩子们也第一次过了圣诞节，这次，洗得很干净的周应群笑得非常开心。

对于这所小学的困境来说，我们做的确实杯水车薪，但我们见证了“蝴蝶效应”。第二年春天，政府决定大力援建化塘小学。后来，被当地电视台采访时我才知道是由于我们的帮扶，化塘小学才被政府重视起来的。

一次支教行，一生支教情。虽然现在我回到了学校，但爱心活动依然在继续。2017年中秋节前，我所在的党支部通过研究生支教团与化塘小学对接，给孩子们送去了月饼、明信片。视频通话中，周应群和孩子们还记得我，热情地喊着：“苗姐姐、苗姐姐……”

用一年不长的时间，做一件终生难忘的事。我怀念那年夏天，宁静的山，勇敢的心和可爱的人们。唯愿娃娃们被曙光照耀，被世界温柔以待。

● 镜头三

安农大支教团在贵州省铜仁市石阡县的学校，举办了“我们是共产主义接班人”庆祝中国少年先锋队建队68周年活动。

一路花开

——第二届研究生支教团成员 宋浩楠

如果你认真观察过花开的过程，等到山花烂漫时，你就看到比以往胜百倍的艳丽。

——题记

2015年7月，带着行囊，我初次来到贵州省石阡县汤山中学。对这个陌生山区中学的一切都觉得新鲜、好奇以及不安。不确定的因素太多，不知道那群孩子们是否欢迎我，不知道我能不能在接下来的一年时间里把自己的知识尽可能多地传递给他们，更不知道接下来真正摆在自己面前的难题有多少。

课堂上

一切的不确定都在我第一次站在讲台上的那个瞬间消散殆尽，当看到教室50多个孩子扬起他们单纯稚嫩的脸，透露饱含好奇、崇拜的眼神，齐声说着“老师好”的时候，我明白过来，他们也对这群新来的老师们充满期待，但他们所有的疑问都饱含善意。就是面对这样的一群孩子，我的责任感和使命感便在心底油然而生。为了对得起这一声声的老师，为了能尽自己的绵薄之力让这群可爱的孩子们有更多机会去迎接更好的未来，我不敢有一丝懈怠。每天积极备课，认真请教同事，不断提升自我，以高度的热情投身到每一次的课堂，和学生们共同进步。渐渐地，我用风趣幽默的课堂风格赢得了学生的喜爱。

宿管工作

除了日常的教学，我还兼任学校的宿管工作，“早起上早读，深夜查寝室”成为每天的日常。吃在学校，住在学校，让我和学生有了更多的接触机会。很多学生的家庭情况复杂，或父母离异，或留守儿童，或家住在很远的山里。周末和假期，我便会花时间和这些学生谈心，帮助他们解决生活和学习上的困难。诚然，宿管工作的工作量是很大的，每天要牺牲午休时间，查寝巡视，晚上要忙到11点才能结束工作，12点后睡觉更是家常便饭，加之班主任的工作，一天下来，真正休息的时间寥寥无几。但是，在看到那些曾经诺诺不敢言的孩子们变得自信开朗，曾经严重偏科的学生们成绩渐渐追上来，我所任课班级的物理成绩突出并名列年级前茅时，这一切的辛劳都显得那么不值一提。

慰问山村儿童

当我和支教团的队友们了解到石阡县白沙镇化塘小学艰苦的现状后，便倡议母校的老师、同学、朋友为山区儿童筹集物资。我们为山区的儿童筹集了棉衣、手套、袜子、书籍、文具、体育用品等，于2015年12月25日，顶风冒雨，驱车到学校为他们发放爱心物资。为了更好地关爱山区儿童，我积极参与石阡县团县委开展的“微心愿”活动，在农大校园里发起募捐，实现山区儿童的小小心愿，在大学里吸引了学生和老师的广泛参与。志愿活动就如同火把一般，温暖他人的同时也照亮了自己。

农村调研

支教结束后，我从“讲台上”重新回到了“讲台下”，回归学校继续完成学业。回校后，起初我心中是有些犹豫，一年的时间说长不长，说短不短，但是无法忽视这一年的改变。再次回到安农，这片土地，这个环境，是我熟悉的，又不再是我熟悉的，就像第一次去石阡一样，我又重拾了当初对于未知的迷茫与惶恐。首先，一年的基层锻炼让我丢掉了大部分的专业知识，我不知道自己能否在重返校园后，仍旧以饱满激昂的热情投入到研究生阶段的学习当中去，并取得理想的成绩。其次，校园学习与在岗位上工作风格迥异，我不确定自己能否在老师和学生这两个角色中顺利切换。

当心里的这些浮躁和畏难情绪一拥而上的时候，我及时与导师进行了沟通。通过老师的悉心指导，我明白了，这些在我看来困扰我的问题，其实统统都不是问题，反而是我的动力。在接下来的研究生阶段学习中，我积极温习专业知识，迅速找准了自己的定位，把在贵州山区的亲身经历与三农问题结合起来，用更开阔的视角来思考和理解三农问题，将理论和实际紧密结合。我将基层工作经验和吃苦耐劳精神，发扬到科研和社会实践中，跟随导师先后在安徽省内10市21县40多个乡镇开展课题调研，参与了数次的精准扶贫第三方评估工作。通过入户访谈和问卷调查，我对我国农业农村的发展有了更进一步的了解，研究生阶段的学习收获较大。

一路花开

一年的时间对于我的一生来说，算不得什么，但究其对于我生命的深度来说，却是意义非凡。我是带着去帮助那群孩子们的想法踏上去石阡的路的，但在这过程中，却发现进步与成长的不仅仅是他们，我从他们身上学到的，从这份工作中学到的，都是我始料未及而终身受用的。

愿我们怀揣美好，砥砺前行，一路花开！

镜头四

端午节来临之际，安徽农业大学第五届研究生支教团成员与石阡县第三小学的小朋友们一起包“独角”粽子，他们在异乡度过了一个十分有意义的端午节。

参与奉献的初心不改，志愿服务的精神不忘

——第三届研究生支教团成员　秦　晗

我尊崇“勿以善小而不为”“赠人玫瑰手有余香”的文化，信奉党的“全心全意为人民服务”的宗旨。作为新时代青年、作为一名中共党员，我坚持践行“奉献、友爱、互助、进步”的志愿者精神。在石阡的一年时间里，我在工作和生活中始终如一。

立足岗位献青春，践行使命为人民

作为研究生支教团计划的志愿者，安徽农业大学第三届研究生支教团的服务岗位在石阡县花桥镇小学。我承担着学校三、四年级英语教学的任务，还承担各班体育和美术课程的教学，同时协助学校教师开展其他工作。

我铭记自己肩负的使命，做到课前认真备课，课后认真总结，为学生答疑解惑，对学生倾注全部。大学期间的志愿服务经历使我关注住校生尤其是留守儿童的成长情况，课上严厉的我，课下总是被三五成群的学生团团围住。我为学生描绘群山之外的世界，教会学生养成更好的思维习惯，引导学生树立正确的“三观”，与学生亦师亦友。

作为团石阡县委管理的西部计划志愿者，我积极响应服从团县委的领导和安排，与办公室工作人员和西部计划的其他志愿者们团结合作，一起为石阡人民、为石阡经济社会发展贡献力量。我参加了“青微扶贫——百善恩孝”志愿服务行活动；参加了重阳节慰问县敬老院老人志愿服务行活动；定期参加城北社区“四点半课堂”志愿服务活动；参加了贵州省“禁毒工作”现场会服务工作；参加了石阡县中小学生主题演讲比赛服务工作；参加了石阡县“五四”青春杯中学组篮球联赛志愿服务工作……

2016年7月底到石阡后，我们研究生支教团的3名志愿者被安排住在花桥镇政府公租房，受到当地领导和职工的关心与照顾。我珍惜机会，融入基层了解基层，从基层中

得到更多的锻炼。教学之余，我参与了花桥镇政府的一些工作：会场布置和会议招待；帮助职工收发、装订和整理文件材料；参加了花桥镇人大代表换届选举和政协委员换届选举工作……

深入基层送温暖，实际行动助力精准扶贫

我时刻谨记自己是一名普通的志愿者，明确志愿者应该做的事：奉献自己，服务他人。在与政府职工的交流中，我和队友们了解了一些留守儿童和孤寡老人的情况，之后通过学校同学、朋友、亲人、母校等关系途径，尤其是得到安徽农业大学全体师生的支持，募集到了包括学习用品、生活用品和御寒衣物等多批物资。本着时效性与实效性的原则，我和队友们相继开展了多次“暖冬行动”和“爱心文具”捐赠活动，将募集到的所有物资陆续发放到了花桥镇小学学生和花桥镇贫困百姓们的手中，活动受到了花桥镇小学校方和当地百姓们的一致好评。

石阡人民的勤劳、淳朴和热情让我印象深刻。我和队友们去花桥镇凯镇村开展“暖冬行动”活动时，当我们为村里一位生活困苦的中年人送去衣物时，他却不肯多收一件。他说：“我还年轻，而且家里就只有我自己，我有能力生活。村里还有很多老人，你去看看他们，他们比我更需要你们的帮助。”还有一位中年人因为家中两位兄长残疾，不能外出务工，也没能找到愿意和自己生活的伴侣。他却没有一句怨言：“我们是一个父母的亲兄弟，我如果外出务工，我自己是可以过得很好，但那样对不起父母。”我在志愿服务的过程中遇见了很多正能量的情景。

坚守初心共成长，脚踏实地争做时代新人

初到石阡，我和队友们只是刚本科毕业的初谙世事的年轻人。

我们懂得团队的重要性，在家乡、在合肥之外的贵州，我们就是彼此最亲的人，我们能够互相帮助，做到真诚沟通。我们终究是安徽农业大学选拔的研究生支教团计划的志愿者，我们时刻提醒对方，要注意维护志愿者的形象，维护安徽农业大学的形象，不给当地政府、学校添麻烦，不给安徽农业大学抹黑添乱。我们是支教的年轻教师，我们更容易走进学生中间。我们交流课程进度和授课经验，我们在发挥课堂传授知识的作用外，注重与学校住宿生们（大多是留守儿童）沟通交流，在传授知识的同时给予心灵的关心并传递正确的思想。

生活中总会有闲暇的时间，我们心中自有明灯，能够耐住寂寞并发现让自己满足的事情。我们是青年大学生，是经历过锻炼的学生干部，我们有吃苦的决心，但我们更有敢吃苦的精神。我们铭记自己支教志愿者的身份和参加支教的初心，认真履行肩负的责任。我们都是普通的中共党员，在党的指引下，我们切实为石阡人民、为石阡经济社会发展贡献了自己的青春力量。在这一年不算长的时间里，我们与花桥镇小学的学生实现了共同成长。

在石阡服务的日子里，我不改初心，始终铭记自己参加研究生支教团计划的誓言，用实际行动践行肩负的使命。“一年石阡行，一世石阡情”，石阡在我心中有一个重要的位置，支教结束仍会心系石阡，以其他方式为石阡经济社会发展继续贡献自己的力量。

镜头五

虽然研究生支教团的成员都是学校中的佼佼者，有些甚至年年拿奖学金，成绩在班级名列前茅，有着扎实的文化功底和认真求学的态度，但是前往贵州支教是一份艰巨的任务，他们需要增长孩子们的见识，开阔孩子们的眼界。因此，前去贵州支教的每一名支教团的学生都会经过一个多月的培训。在培训中，他们严格要求自己，在最短的时间内努力将自己培养成为一名合格的老师！

予人玫瑰，手有余香

——第三届研究生支教团成员 张 妍

志愿者，来源于拉丁文中的“voluntas”，意为“意愿”。遵从自己的意愿，为他人做一些力所能及的事，肩负起自己的那一份社会责任，服务于整个社会和人民的利益，这就是志愿者。

我刚开始接触公益活动是在小学，那时学校响应西部计划号召同学们为西部地区的贫困小朋友捐款捐物。老师告诉我们，在西部，在大山深处，有一群和我们同龄的小孩，还吃不饱、穿不暖、上不起学。老师为我们展示了很多照片，印象最深就是那张“大眼睛女孩”：在昏暗的房间里，和我差不多大的小女生握着一只短短的铅笔，在破旧的本子上写着什么，大大的、漂亮的眼睛望着前方。那清澈的眼睛深深感染了我，我被贫困儿童所处的恶劣环境和勤奋好学的精神所震撼。那次，我捐出了自己最喜欢的故事书和文具盒。从此，那些山区的小朋友就成了我心中小小的牵挂。

随着慢慢长大，在学校的号召和家长的鼓励下，我参加了各种各样的志愿活动——清明节为烈士扫墓，雷锋日走上街头清理垃圾桶，植树节亲手栽下小树苗……志愿活动就像一颗小小的种子，在我的心中生根，慢慢发芽。每次活动后，虽然会很疲惫，但我总是不由自主地开心。后来，我才明白，那种心情，是予人玫瑰，手有余香的幸福感和满足感。

到了大学，志愿服务的机会更多了。每次组织这类活动，我都会积极踊跃地报名。在大学，我开始了我的第一次支教。那是当年雷锋日，我和同学们来到了合肥肥西的一所希望小学。老旧的教学楼，狭小的黄土操场与这个城市中心的小学有着天壤之别。站在讲台上，望着一张张稚嫩的脸，我心中有什么东西开始变热，一个念头呼之欲出，到西部去。后来发生的一件事更加坚定了我要到西部去的决心。一次暑假回家，得知我高中老师夫妻双双去了西藏支教，听他们描述的支教生活，虽然嘴上说着条件艰苦，但话语间却有着深深的满足和自豪。听着他们提起西部孩子们的情况，我的满腔热情被点燃了。回到学校，咨询了相关的支教政策，通过了层层面试，终于，我有幸成为安徽农业大学第三届研究生支教团的一员，踏上了我的支教之旅。

“到西部去，到基层去，投到时代的洪流中，打造一个新世纪。”伴随着出征时熟悉的旋律，我们离开了培训地贵阳，经过了3个多小时的颠簸，终于来到大山怀抱中的石阡。我们团队被分配到石阡县花桥镇花桥小学支教，颠簸而崎岖的山路让第一次来到大山深处的我有些紧张和彷徨，但很快，这些不安都随着当地同事的关心与帮助烟消云散，同时，我也深深地爱上了这个民风淳朴的小镇。

平日里，除了完成日常教学任务，我们还积极响应团县委的号召参加了各种志愿活动，为留守儿童开设的放学后作业辅导班“四点半课堂”、为老人们举办的免费照相活动“爱心照相馆”、重阳节在敬老院参与尊老敬老文艺会演、为全国禁毒会议的召开进行志愿服务等等。每次志愿活动的成功举办，都让我的心中充满着深深的自豪感和幸福感，看着孩子们、老人们的笑脸，得到大家的肯定，身体上的疲惫总能一扫而光，取而代之的是满心的欢喜。予人玫瑰，手有余香。

在这一年的支教生活中，我们也积极和母校联合举办了各种爱心活动。严冬来临，学校学弟学妹们辛苦募捐了许多冬衣，集资给孩子们置办了围巾手套也寄了过来。我们整理打包分类好，将围巾手套分发给可爱的孩子们，然后在花桥镇政府的帮助下下村，到重点贫困的人家进行了赠送。破旧的房屋、恶劣的环境、拿到衣物时主人开心感激的笑脸都让我鼻子发酸，也提醒着我，我们做的远远不够，要更加努力。

我深知我们都只是一个普普通通的人，一年的时间很短，即使是更长的时间，要说能为西部的发展做出巨大的贡献难免有些夸张。但在我们之后，还有第四届、第五届、第六届的学弟学妹们，他们会接下我们从前辈们手中接下的“星星之火”，让一颗颗小小的爱心汇聚成大大的能量，在志愿之路上形成燎原之势。我相信，他们会时刻铭记出发前许下的誓言，用实际行动来证实“奉献、友爱、互助、进步”的志愿者精神，坚持不懈地践行志愿者的使命。

在石阡志愿者之家的墙上贴了这样一句话，“人在一起，叫聚会；心在一起，叫团队”。到石阡志愿服务的那段日子，我不仅体会到了志愿服务的快乐，更深刻体会了石阡志愿者这个大家庭的温暖。我们互相学习、互相鼓舞，在那里工作的每一天，都感觉到自己是充实、快乐的。

冰心说："爱在右，同情在左，走在生命路的两旁，随时撒种，随时开花，将这一径长途，点缀得香花弥漫，使穿枝拂叶的行人，踏着荆棘，不觉得痛苦，有泪可落，也不是悲凉。"筑梦石阡，志愿花开，我最亲爱的学弟学妹们，志愿行天下，祖国共繁荣，希望你们牢记志愿者的理念，跟上志愿前辈们的步伐，传承我们青年志愿者的服务精神，在自己的岗位上尽情展现我们安农学子的精神风貌。星星虽小，仍会发光，让我们团结一致，弘扬奉献、友爱、互助、进步的志愿精神，与祖国同行，为人民奉献，以青春梦想、用实际行动为实现中国梦贡献自己的一份力量！

支教地简介

地理环境

石阡县，位于贵州省东北部，铜仁市西南部，面积2173平方千米，森林覆盖率53%，辖7镇11乡，总人口40.6万，其中：仡佬、侗、苗、土家等12个少数民族占总人口的68%，地处湘西丘陵向云贵高原过渡的梯级大斜坡地带。

全县有耕地31万多亩。周边与江口、印江、思南、余庆、凤冈、镇远、施秉等县相邻，属于武陵山集中连片特困区，国家新阶段扶贫开发重点县，也是贵州省重点生态区和多民族聚居区。

距县城南端30千米的佛顶山方圆45平方千米，原始生态植被保护完好，与梵净山誉称姊妹山，是科考、探险旅游之地。1992年，石阡被列为贵州省历史文化名城，1998年被评定为革命老区。

“黔”行一年：一个关于支教和自教的故事

——第四届研究生支教团成员　阮熹晟

“用一年不长的时间，做一件终生难忘的事。”多年以后如果某天突然在人群中听到这一句，可能会会心一笑，原来你也曾是研究生支教团的一员。

我支教的地方是贵州省铜仁市石阡县，一个地处湘西丘陵向云贵高原过渡的梯级大斜坡地带。这里日照充足，气候温和，尤其地热水资源分布广泛，故而有了“温泉之城·长寿石阡”的美誉。

时至今日，这一年的支教生涯已走过四分之三。回首往昔，2017年7月28日，是我与石阡这座小城相遇的日子，当天下午在团县委曹书记的主持下召开了“石阡县2017年西部计划志愿者暨研究生支教团欢送、迎新座谈会”，于是这个故事便开始了。

支教一年：不负韶光不负卿

继7月28日下午的座谈会后，我和朱老师便被分到了石阡县文博中学。七八月的石阡虽然没有安徽那样的酷热，但温度也是难以让人感到舒适。就在这样的环境中，我们相继参与了石阡县“善行石阡·夏日送清凉”、文博中学“文博之星”颁奖典礼等活动，日子也很快到了8月19日，该开学了。

8月19日，文博中学2017年秋季开学的前一天，召开了开学会议，全体教师参加，这也是我第一次参加全体教师会。那次会议的主题很明确：做党和人民满意的好教师。也正是在那次会议上，主持会议的郭校长向全校教师介绍了我和朱老师，并明确了我们接下来一年的工作定位：分别协助八年级的一位英语教师负责三个班的英语助教工作，并协助校团委等工作。其实面对这样的安排，可能有人会羡慕，因为不直接上课，某种意义上就意味着不需要花费太多心思。但当时在我心中，其实是有点难以接受的，因为我报名参加研究生支教团的初心就是来支教，如果不让我直接上课，那么我这一年又有何意义呢？然而随着时间的推移，这种想法在我的心中逐渐淡去直至消失，慢慢地我找到了自己支教的意义所在。教育不仅仅在讲台，台上有台上的精彩，台下也有台下的风景。于是乎，“旦复旦兮心如初，不负韶光不负卿”便在自己的心中深深地扎下了根。

8月20日晚，孩子们正式返校，开始了新学期第一晚的晚自习。我在我的师傅——彭老师的带领下，分别到了八年级的1、2、3班和同学们见了面，并做了一个“稀里糊涂”的自我介绍。虽然本科四年大小会议、活动我参加的不少，但真正当面对着讲台下70余名十多岁的少年时，那种感觉完全不同。那场见面后，我才知道接下来一年我要面对的是210余名学生，即使不直接上课，任务也不会轻松。但是当时也有种兴奋在我的心中莫名涌起，因为我突然想起，十年前2007年的自己也正好读八年级，看到了他们仿佛看到了十年前的自己。于是一个决定便也很快在我的心中形成，我要用晚自习的时间多为他们付出哪怕一点点。那么怎么做呢？最基础的就是我要确保每周五天的晚自习与学生们同在。在与彭老师商量后我便在三个班都宣布了这件事，然而学生们并没有太大的反应，这让当时的我有点尴尬，但是时间检验了我最初的决定。时至今日，已经度过了近140个晚自习。我每天晚上在办公室、在班级，和同学们一起到22：10下课。令我欣慰的是，从最初没有学生来问问题到现在我已经差不多是办公室几位老师中被学生们问的最多的了，甚至办公室有其他老师出于关心都也曾劝我：“阮老师你晚上没事也可以出去河堤边散散步，去看看电影什么的，没必要每天晚上都守在学校，这样太累了。”我笑笑说没事，和孩子们在一起挺开心的。

自教一生：少年自有少年狂

2018年4月10日，2018年的第一个100天。学校的三人制篮球赛进行差不多一个月，那天是三四名争夺赛，我带的八（1）班对八（5）班，比赛很激烈，比分也一直咬得很紧，以致打了两个加时，最终1班赢下了比赛。同学们很激动，我也很高兴，为他们的胜利而高兴，更为他们的拼搏和不放弃而高兴。然而，赛后，一个参加球赛的学生来和我说他手腕疼，我问他是否是比赛时受了伤，他说是的，于是我立即带他去医院做相关检查。路上，随着聊天的深入，我才知道，他的手腕其实是刚开赛不久就伤了，但他没有要求换人，坚强地打完了全场和两个加时。我很受触动，于是我问他为什么要这么拼，他倒没说什么。其实我是知道的，这个学生骨子里就有一种拼劲，因为在上学期的校运会期间，我就对他印象很深刻。当时，在男子1000米的决赛中，最后100米他还落后第三名一大截。虽然已经很累了，但他没放弃，甚至还在全力加速，没想到真的就是在最后一步，他硬生生地超越了第三名，最终拿下了第三名。后来在医院中，他的父母也来了，我还把这个故事说给他父母听了。他父母说这孩子就知道运动，学习不用心。我说其实这种拼劲比什么都重要，年轻人该有这样的精神气，当他能把这种拼劲再用到学习上，那真就是锦上添花了，因为他成绩本来就不错。谈话过程中，我注意到一个细节，这个学生腼腆地笑了。

这件事情之后的当晚我想了很多，文博中学的校训是“文博日新　德行天下”，我很欣赏，这也是教育的根本任务，立德树人！十几岁的少年时期正是一个人品行、三观养成的关键时期。这是我看中的，我努力地让学生们向上向善。而作为我自己，在二十出头的青年时期，这些也还在不断地养成。我在教育着学生，反过来，他们也在用他们的方式不断地教育着我，或者说我从他们身上学会了些什么。于是，这几天我给八年级同学们上团课的时候，加入了央视《经典咏流传》节目中的一首歌《少年中国说》，整首歌磅礴大气，改编自梁启超先生的作品。我问学生们最大的感受是什么，学生们说，听了很振奋，就像歌词那样，“少年自有少年狂，身似山河挺脊梁；少年自有少年狂，心似骄阳万丈光……”我对他们说，“狂”应当是少年最重要的气质之一，但是这种“狂”应当是为“中华之崛起而读书”的“狂”，应当是“砍头不要紧，只要主义真”的“狂”，应当是“我自横刀向天笑，去留肝胆两昆仑”的“狂”……我希望老师和你们一样都能记住这节课，在今后的人生中不断地去践行。心若向阳，何时皆少，发愤图强，不负年少！

时至今日，在石阡生活已经有8个多月了，在支教同时，遇到的挫折、困苦也是多到无法言说。可正是因为有了挫折，人才会学会成长，也正是由于困苦，人才会学会珍惜。如果把支教看成一种付出，那对我来说最大的收获就是学会了自教，然后是责任、谦逊……这些我珍惜的都在支教中得到了升华。

至此，一年“黔”行路就快走完了，一个关于支教与自教的故事也快讲完了，即将下课……

一年支教情，无悔青春路

——第四届研究生支教团成员　吕　旺

青春，是一杯香茗，常品不腻；青春，是一本好书，百读不厌；青春，是一江江水，奔流不止；青春，是一支乐曲，拨动心弦；青春，是一股勇往直前的信念，促人奋进；青春，是一段激情燃烧的岁月，回味无穷；青春，是一个魅力四射的日子，积极向上。青春，一路伴随着我们的成长，让我们前行的道路更加精彩！

大学四年的美好时光过得总是那么快，转眼间到了一年一度的毕业季。看着周围同学们有的忙于求职、有的潜心考研，我心里却燃起了儿时的梦想——支教。“到西部去、到基层去、到祖国最需要的地方去！”这句话在我的心里留下了深深的烙印，从我一路走来的求学之路，让我更加清晰地认识到中西部教育的差距，想通过自己的所学帮助西部那群和我一样的孩子。

通过自我申请，学院、学校层层选拔，带着坚定信念的我有幸成了团中央第十九届研究生支教团成员。我的学校安徽农业大学对口支援贵州省铜仁市石阡县，我在这里开启了一年的支教生涯，在青春的画册里留下了美好的回忆。石阡县为贵州省铜仁市下辖县，位于贵州省东北部，铜仁市西南部，是一个少数民族聚居地，由仡佬族、侗族、苗族、土家族等12个少数民族组成，少数民族人口数占总人口的68%。它素有“中国温泉之乡”“中国矿泉水之乡”“中国苔茶之乡”“中国长寿之乡”等美誉，但由于地理位置偏远、教育资源匮乏、基础设施落后，石阡县为国家级贫困县，并有一个深度贫困村——国荣村。

一入石阡地　研支风采展

经过千里之行，我们4人怀着满腔热血，来到了这个偏远县城。到了当地，地方团县委曹书记热情接待了我们，并向我们介绍了石阡这个宁静的小县城。根据组织上的安排，安徽农业大学研究生支教团4名成员被两两分配到了石阡县文博中学和实验小学。通过和实验小学汪校长的深入沟通，我了解到学校正面临教师资源紧缺，计算机、数学等学科师资力量匮乏的现状。我本科学的是网络工程专业，对计算机相关知识比较了解，数学学科也是我们的基础课程，所以我和汪校长沟通商量后，学校安排我担任了石阡县实验小学四年级四班数学、体育、特长和全校四年级微机课程的教学。面对学校予以的重任，每周近15节课时，我明白不能辜负学校对我的信任，不忘初心、迎难而上。我精心备好每一节课程，做好每学期的教学安排，向学校资深教师请教教学方法，服从学校各项安排，积极参与到学生的管理中，陪伴着孩子们的成长。根据班上孩子学习习惯较差、书写不规范、基础知识掌握较弱等实际情况，我制订了切实可行的方案去帮助孩子们，并且利用课间和午间休息时间，针对班上后进生展开知识的串讲教授，整个学期做到了全勤，得到了校长和周围老师的称赞，取得了所带班级从上学期半期考试数学平均分76分（实验小学数学均分年级第三，第一名84分）到期末考试数学平均分82分（实验小学均分年级第一，数学均分第一名84分）的优异成绩。除了常规的教学工作外，我们还积极参与到当地团县委的活动当中，炎炎夏日中我们走进街道给环卫工人送清凉、征兵仪式上我们在武装部送新兵入伍、重阳节我们走进敬老院看望老人、党的十九大召开之际我们成立青年宣讲团向当地群众宣传、全国推普日我们开展普通话宣传和“错别字啄木鸟”活动、国庆中秋双节时我们翻山越岭情系化塘，寒风刺骨中我们开展让爱传递公益募捐活动等。

一节数学课 共探教学长

石阡的7月酷暑难耐，面对班上49张天真无邪的笑脸，我的内心却感到一阵阵清凉。饮食、气候、环境的适应对于我来说已经不是那么重要了。相反，重要的是从求学生身份的我转变到了一名传授解惑的老师身份的我。如何让自己更好更快地适应这个身份的转变、将自己的所学知识教授给孩子们、让孩子们乐意接受这名新老师，是我深思的问题。利用暑假的时间，我首先去了解四年级教授的教材，自身先开始学习，利用网络查阅教材重难点、教授的好方法，做到自己能够脱稿上课。其次我主动联系学校汪校长了解到学校吴老师（数学教研组长）、文主任（实验小学办公室主任）在数学教授方面有丰富经验，我赶紧向两位老师请教方法，多次去两位老师上课班级听课学习，总结归纳两位老师上课的精彩亮点并将其加入自身的教学当中。最后我利用自身住宿在学校，时间较为充裕的便利条件，主动和班上的孩子们交流沟通生活中的趣事，像朋友一样跟他们相处。不仅如此，数学课上我提倡自由探索式学习，提倡“抱着主动学数学、带着兴趣学数学，抱着探索学数学、带着思考学数学，抱着领悟学数学、带着微笑学数学”，让孩子们爱上数学、和老师成为朋友。每当孩子们远远地看见我，便向我急匆匆跑来说声：“吕老师好！”那一刻是让我感到最欣慰的时候。每一节课程，走进教室，孩子们都欢呼雀跃地向我道好，让我真正体会到了教师这个职位的神圣感，我十分有幸成为一名人民教师！

当我上了近一个月的课程时，学校吴老师（数学教研组长）突然找到我，“吕老师，你下来好好准备一下，下周二上一节新课改5321童心课”。我意识到，这是一次很好的学习机会，届时全校的数学老师会亲临课堂观摩。我立即着手准备，选择了“路程、速度与时间的关系”这一课，根据新课改“独学、对学、群学、展示、总结”的各个环节精心制作课件，推敲每个环节的构思，并向吴老师请教修改。课堂上，孩子们聚精会神，对问题有着自身独特的见解，和老师一起进行探索性学习。在最为精彩的展示环节，雄鹰小组蔡园易同学代表小组成员做了细致深入的解答，将路程、速度与时间三者关系分析得淋漓尽致，熟练地掌握了三者间的关系，引起了全场的掌声！在全校数学老师的见证下，我人生中第一次公开课取得了圆满成功。课后的评课和议课中，学校各年级数学老师各抒己见，把自己多年来优秀的教学经验毫无保留地呈现出来，让我受益匪浅，帮助我在数学的教学路上走得更加稳健。最后，李主任（实验小学教导主任）对我本次公开课程做了充分肯定。

这里的夜晚，没有大都市的繁华喧闹，但这里的夜晚，多了一份沈从文笔下的宁静；这里的白日，没有大都市的人来人往，但这里的白日，多了一份蔚蓝天空下的清新自然。这里，有向着幸福生活努力奋斗的勤劳朴素的石阡人民身影；这里，有渴望走出偏远大山迎接美好将来的莘莘学子；这里，有对待民生根本的教育事业的热忱渴望。这里，孩子求知的眼神，等待着你的到来！这里，人民热情的行动，欢呼着你的到来！我在贵州省铜仁市石阡县等你，你准备好了吗？

支教日记：在贵州石阡的日子

——第四届研究生支教团成员　姚瑾凡

回顾这短暂的一年时光，我突然明白，它并没有轰轰烈烈的过程，但这每一天真实的日子都充满着欣喜与感动，就如同一颗颗璀璨的珍珠，铺就了这一年璀璨的光阴……

2017年7月28日　晴　在石阡的第1天

这是我到石阡的第1天，曲折的山路丝毫没有影响心情。这是一个值得纪念的日子：我真正意义上离开家乡来到这个陌生和遥远的地方，真正意义上面对未知的工作和成长。

简单的安排会议后，我被分在石阡县实验小学，住处暂时未定，这让我突然有了一种漂泊的感觉，而这感觉在兴奋的期待之后，更让我对未来有了隐隐的担心和不安。

整夜未眠。

2017年8月3日　大雨　在石阡的第7天

住处终于安排妥当了，在学校的六楼，打开窗，四面环山。

我费心收拾着房间，特意买来植物，想让它温馨一些，再温馨一些……就像我满怀期待着未来的生活。

门锁今天坏了，胡主任想了各种办法修，但门的木材由于年数太久都朽了，只能一遍一遍试着把锁重新装进去。

外面下着瓢泼大雨，电闪雷鸣，胡主任热得满头大汗，莫老师、胡津瑞都一直在我的房间陪着到很晚……

我知道这些生活中的小细节都应当被记录下来，记在心里，因为它是生活在这里的人们给予我最真实的善意，最朴实的热情。

2017年8月8日 阴 在石阡的第12天

学院的老师今天到石阡来看望我们。虽然离开农大只有短短不到两个月的时间，却感受到一种莫名深切的思念；虽然明知只有短短半天的相聚，却让我激动到从几天前就开始数着日子期待。

我说不上这种心情是什么，似乎一个小孩子，等待着家人的看望。而我积攒了很多天的这份开心，也在目送老师离开时全部转化成忍不住的泪水。

这是我到石阡来的第一次泪水，可能是对母校的渴望，可能是内心的孤独。但我明白的是，这泪水里一定饱含着对一直以来关心我的人由衷的感谢。

我会不负期望，好好努力！

2017年9月10日 晴 在石阡的第45天

早上刚到办公室，就见马博意拿出一个石头，“姚老师，这是我在路上捡的一块‘宝石’，送给你，祝你节日快乐”。我不禁为孩子纯真的表达幸福并感动着。

今天是教师节，属于我的第一个教师节。简单回顾一番，短短两周忙碌的“姚老师”如此丰富多彩。

这期间有我初登讲台难以掩饰的紧张，有老师们热心给我解答教学方面遇到的问题，有孩子们大老远跑过来道一声“姚老师好”，也有孩子们期待的询问，“姚老师，你可不可以把我们带到六年级?”

这对于初登讲台忙碌的我来说，都是一种莫大的欣慰。这种甜美的欣慰并不在于学生的回报，而在于这份事业本身所蕴含的无穷乐趣。我渐渐热爱这个由智慧、情感、信念融汇成的三尺讲台，渐渐崇拜这讲台的高尚圣洁，她有一种无言的神圣与庄严。

也正是这短短的两周，我第一次体会到上课喉咙说哑，第一次体会到备课的绞尽脑汁，第一次体会到批改作业手臂酸痛……而这些种种深切的体会，也更让我理解了所有老师们的艰辛和不易。

正如那首歌所唱的：长大后我就成了你，才知道那支粉笔，画出的是彩虹，洒下的是泪滴……

2017年10月30日 晴 在石阡的第95天

“祝你生日快乐，祝你生日快乐……”今天下午，留守儿童活动室内其乐融融，洋溢着欢乐的气氛！

学校里有一个留守儿童之家，今天我和吕旺老师一起给留守儿童过生日。学校给孩子们订了一个特别大的蛋糕，但蛋糕店太忙迟迟没能送来。由于不忍看到孩子期待的眼神，我便直接去取。

回来时我拎着蛋糕，害怕把它弄坏，又想快一点到学校给孩子们过生日，一路惴惴不安小跑着赶到学校。

孩子们看到我手上的蛋糕时，不禁欢呼雀跃，我的心情也变得特别好！

吕旺老师给孩子说了两句话——希望同学们认真学习，铭记感恩，长大了也要尽己所能，回报社会。这两句话给我留下了特别深刻的印象。

是啊！留守不孤单，生辰爱相伴！而这份爱正是来源于这个有爱的社会。它是一个善良的纽带，需要一代一代地传承下去。

和着生日歌吹蜡烛的时候，我也暗暗许下一个愿：祝福这些孩子们健康成长！祝孩子们学有所成，做一个对社会有用的人！

2017年11月24日　晴　在石阡的第120天

今天我作为石阡苔茶形象大使，在广州全国茶叶博览会上推介石阡苔茶，我的心中有一种强烈的使命感和自豪感。

自我参加石阡苔茶形象大使比赛已经整整过去一个月。这短暂的一个月里，我了解了茶叶，也看到了代代石阡人为之奋斗脱贫的意志和艰辛。这平凡的茶叶，背后蕴含着一个个感人的故事……

当我走进贫困户，看到那因贫穷而无力的艰辛；当我看到基层脱贫干部带领贫困户，种上满山的苔茶树，望着那碧绿的颜色而期待的眼神；当我为留守儿童过上一个生日，看到那因忍不住思念父母而泪汪汪的眼睛；当我看到孩子们用稚嫩的笔迹写下：好想让村里的苔茶树长出金子，这样你们就能回来陪我了。

我明白，这简单的石阡苔茶，是留守儿童不再孤独的希望，是贫困户对美好生活的向往，更是石阡县乡村振兴最大的产业支柱。

我是安徽农业大学的学子，承载母校的荣誉，因此当地的茶农对我很是尊重。我多渴望能够为当地做些什么，但是我的力量又是那么的薄弱……

当我看到满山的茶海，当我看到无数青年在脱贫路上的青春背影，当我看到这里一群需要我的孩子，此刻的我多愿意化身为那一片石阡苔茶的叶片，竭尽我青春所有的美好，把这浓浓的香气和滋味挥洒在石阡这片土地上……

2018年4月8日　阴　在石阡的第256天

这学期似乎过得快了很多，春日的温暖也渐渐逼近夏日的炎热，街头已有心急的路人换上了清凉的夏装。

我期待着夏天的到来，而夏天的到来又似乎意味着离别。我又盼望这日子能够过得慢些，再慢些……

晚上改完作业后出门散步，路上遇到了班上的一个学生，便跟着我一起，小嘴一路上不停，说着班上的一些趣事。

"姚老师，前几天你去贵阳了吗？"

"是啊。"

"你知道吗？吓死我们了，我们还以为你不回来了呢！"

我的脑海中突然想起那天我去班上时，孩子们的欢呼雀跃，心里很不是滋味。

"我……"

我多想像小时候爸妈安慰我那样告诉他：不会的，别瞎想，我怎么会离开你呢！但终究是未能说出口。

亲爱的小朋友，谢谢你让我记住这个春天的傍晚！

……

在石阡的日子转眼就开始了倒计时，最初的忐忑、紧张、孤独，如今已变成了感恩、幸福与不舍。在这里的每一天带给我的成长都是那么的珍贵，而在这里的一年也将是我青春岁月里最美的一年！

我会铭记感恩，一路"黔"行，永远在路上……

支教散记

——第四届研究生支教团成员　朱亚文

今天是2018年4月21日星期六，离我们支教结束只有70多天了。日子越来越近，我却是越发舍不得这个地方和在这里遇见的小可爱们。

昨天喊了两个女孩子来谈心，我跟她们说，我来到这里之前，以为会像以前的学姐一样，遇见很多可爱的学生来跟我聊天玩耍，后来发现不是这样的。最开始看到研究生支教团的相关信息我还很疑惑研究生支教团到底是做什么的，后来通过学校的微信平台看见学兄学姐们的支教事迹和从一线反馈回来的图片，心里满是羡慕和敬佩。那时候我希望自己能够有一次这样特别的经历，也能够做一名真正的支教老师，站在三尺讲台，看着学生们渴望知识的眼神，将自己的知识和经验都传授给他们。

2017年的7月28号下午，经过三个多小时的行程，我们到达了最终的目的地——石阡。人总是会对即将要见到的事物充满想象，是的，我也不例外。但是这个县城带给我的惊喜远远超出我的想象，漂亮的喷泉，长长的河流淌着清澈的河水，干净的街道，广受赞誉的温泉，大家都开玩笑地说："进城了！进城了！"学校的杨老师带我们去住处的时候，特意从环城的河边走过去。我们老远就看到了一道美丽的彩虹桥，当我听到杨老师说我的住处就在旁边时，一天的劳累顿时烟消云散，同时对自己的支教生活更加充满了期待。

日子一天天地过去，我们也开始慢慢地适应了这里的生活。这里有挑着新鲜蔬菜的菜农伯伯，有赶着去给家人买早餐的妈妈，还有趁着清晨空气清新跑去泡温泉的爷爷奶奶。青山绿水，连天上的云都放慢了脚步，都想多看几眼这个和谐宁静的小城。

正式开学之后的校园充满了青春的气息，让人开始怀念自己的青葱岁月。刚开始，我与学生交流还有一些困难，但我告诉自己这些困难都是可以克服的。我尝试着学习他们的语言，尝试着主动和他们交流，学生已经慢慢接受我这个新来的老师了。学校是寄宿制，有很多学生由于家庭路途远，可能半个月或者一个月都不能回家一次，于是我就经常和学生们聊聊天，希望这样可以慢慢拉近我们之间的距离。有一次一个学生被喊到办公室，原因是班主任发现她上课有点不集中注意力。起初她只是说自己没有休息好，不愿意说出真正的原因。我主动把她拉到身旁问她："是不是平时压力太大啦，还是和同学闹别扭啦?"她不好意思地说："宿舍的同学一起去过鬼屋之后，就每天晚上讲鬼故事，我挺害怕的，就睡不着。"我听了之后就安慰她说："世界上是没有鬼的，都是骗人的。如果你还是害怕的话，不妨在她们讲的时候转移一下自己的注意力，不去听她们讲的内容。"学生舒心地点了点头。

前两天来谈心的两个女孩子，是班主任让我喊来找她们聊聊天的，因为班主任发现其中有一个女孩子有早恋的问题。最开始我也觉得这个问题太棘手，不知道该如何说起，总是害怕学生不愿意跟自己敞开心扉，不愿意和老师谈论这些话题，害怕谈了之后学生反而反感老师。于是在这之前我就去请教学校里的一些老师，他们也给了我很多建议，比如不要一开始就否定她们，要从侧面让她们知道早恋的危害，要以一个倾听者的态度来和他们交谈等。我抱着试一试的态度去同学生交流，令我意想不到的是，也许是因为平时学习压力太大了，也许是家庭的原因，她们很需要一个倾听者，一个愿意和自己谈心的老师或者朋友。在我跟她们说完要保护好自己，要正确处理青春期男女关系之后，她们也愿意跟我说一些心里话，从此我们变成了好朋友。孩子的内心世界很单纯，也很脆弱、敏感，她们也向我透露曾有过不好的想法。我想我除了心疼之外还要做一点能够真正帮助她们的事情。也许，有些事情在成年人看来微不足道，但对于学生们来说，在这个他们正建立世界观、价值观的特殊时刻，任何一件事情都会影响着他们的成长，都会改变他们对这个世界的态度。而这一刻我能做的，也不过是尽自己的努力让他们看到这个世界还是温柔的、美好的，还是值得被期待的。

和网上看到的很多学校不一样，我们学校位于县城中心，可以说是全县城最好的中学了。每一年开学总有许多家长挤破了头想把孩子送进我们学校学习，以至于现在很多班级都是70多人。学生多了班级的管理难度自然而然就加大了。学生的住宿也是一个大问题，床位不够不说，宿舍里也没有电风扇，到了夏天，天气燥热，有些学生宁愿趴在班里的课桌上也不愿意回宿舍。学校在一个半山坡上，周围全是住户，没有足够的地方再盖新的宿舍楼。每次看到学生们趴在课桌上午睡的样子，我是又心疼又无能为力。好在学校也在和周围的住户协商，已经买下了一处住户的房子来当作宿舍，学生的住宿问题得到了一定的缓解。

班里的学生多，管理难度自然也就加大了。有几次我的指导老师要去出差，我就帮忙上了几节课。我发现每节课都有那么几个学生爱讲话，不听课。我就很生气地把他们喊到了办公室，交给他们的班主任处理。班主任严厉地批评了他们之后，跟我说：“对不同的学生，你要有不同的方法去对待。刚刚有个女孩子，对她就要用哄的方法，告诉她老师们很喜欢她，希望她能够好好学习。她就会很听你的话，不会再捣乱。”我恍然大悟，我只顾着因为他们不好好学习而气愤，却没有想到这一点。青春期正是他们最躁动、最逆反的时候，想想那时候的自己不也正是这样的吗？我意识到自己的教学方法确实有些问题，所以非常感谢办公室的老师对我的帮助，这些经验如果不是他们告诉我，也许我还要自己摸索很久。后来的一段时间，我到小学去给六年级和一年级的孩子们代英语课，面对不同年级的学生，我采取不同的上课方式。针对一年级的小朋友，在课堂上多采用游戏的方式带他们学习知识，又或者是穿插一些简单的英文歌曲帮助他们学习。对于六年级的学生，我主要要求他们课堂上认真听讲，却会布置较少的课后作业，会在课后多和他们聊聊天，关心他们的生活。和中学一样，小学也有很多学生是住校生，每天吃饭的时候，由学校老师喊班级依次去吃饭。我从来没有见过食堂里闹哄哄或者插队抢饭的现象，相反地，每个学生都自觉地排队打饭，还会有少先队的学生干部站在泔水桶旁监督同学们不能浪费粮食。每一个同学都认真地吃完自己的饭，然后把用过的碗整齐地放到水池旁。更让我感动的是，每当学校升旗的时候，只要国歌一响起，学校里的任何一个人，无论在做什么都会自觉地看向国旗的方向并肃立。这个学校总是不经意带给我许多感动，让我越发不舍离开这里。也许我不是一个出色的英语老师，可我在一步一步地努力，在教我的学生们的同时我也在学习，学习这次经历带给我的经验，感受这里的每个人带给我的温暖，体会这个世界的真实和期许。

因为还要协助学校团委的工作，所以我们会组织大大小小的活动。这里和熟悉了四年的大学不一样，做事的程序、方法都需要我们慢慢去适应。也有很多困难需要去克服，从未上台主持过的我们被拉上台做主持人；不了解少先队活动的我们从系红领巾一点点学起；不会写诗歌的我们慢慢摸索写出一篇全校师生一起朗诵的感恩诗歌……从活动的策划、组织到圆满完成，总是经历着苦恼、焦灼、不知所措，却给人以充实、喜悦和满满的自信。也许后来的某个夜晚，想到初次站在台上，手心冒汗的自己；想到那个坐在地上为孩子们准备礼物的自己，心里会是骄傲、满足的吧！

还记得来之前的自己曾说希望孩子们可以通过自己的眼睛看到更多更美好的风景，一年的时间很快就要结束了，我不知道自己有没有给学生们带来他们所期待的美好的东西，但我想这至少是一个美好的开始吧！

“石”光匆匆，记忆长存

——第五届研究生支教团成员　程　茜

“美哉，中国美丽泉都；奇哉，历史文化名村；壮哉，中国苔茶之乡；绝哉，仡佬民族风情。”2017年10月研究生支教团成员名单公示期结束，从此我与石阡古城结下了一段不解之缘。

“山的那边是什么?”“当然还是山。”“队长你看，公路盘山而下，那边应该就是服务地了吧!”2018年7月23日，我和其他研究生支教团成员坐上了挂着“西部计划，石阡欢迎你”大红横幅的大巴车，从贵阳出发，一路且歌且行，我记得那天阳光正好。

初次志愿行，开门见“河”

石阡河（龙川河），古称龙底江，是乌江右岸的一级支流，属石阡县内最大河流，被石阡人亲切称呼为“母亲河”。在石阡，我们开展的第一个志愿服务活动就是保护母亲河。

清晨，炎热的夏也带着丝丝凉意，我所在的护河小分队沿河堤开始了清扫活动。放眼望去，佳木秀阴，木梯石阶，缠绕河畔，似古朴的衣带，尽展古城的纤纤细腰。身穿红色志愿马夹，头戴小红帽的我们，给这条母亲河添了一分色彩。小伙伴们拿起早已准备好的塑料袋、火钳、扫把等清洁工具行动了起来。在大家的辛勤劳动下，河堤旁的白色纸屑、烟头、矿泉水瓶、塑料袋等垃圾通通涌入了它们垃圾箱“妈妈”的怀抱，睡躺着的文明标语、警示牌也精神地站了起来，整洁的道路在晨曦的第一缕阳光照射下熠熠生辉。

再次行动，助力国之栋梁

石阡8月晴空万里，为开展捐资助学活动，我与中坝街道团委负责人、村支委等人对中坝街道部分贫困学生家庭进行了走访。

“女娃娃你们来了，孙女就有盼头了”，佝偻着背、步履蹒跚的七旬老太在听过我们的介绍后激动地用当地方言说着。抬眼看着木头房子，简陋、破旧，回顾四周，一张缺角的木头桌子可能就是这个家最“豪华”的家具。经过走访交谈，我们得知这部分特殊群体，致贫的背后都有着命运给予的无奈，或有单亲，火灾成为家庭的一道催命符，烧毁了这个家最后的庇护；或有因为母亲车祸丧失劳动力，老人疾病给本就不堪一击的家庭带来噩耗；或有家里经济来源有限，只能靠着微薄的低保勉强维持生计，而两个子女考上大学，使得本该高兴的事不知喜忧……

贫穷阻挡不了优秀，坎坷造就栋梁。满墙的奖状使得这陋室熠熠生辉，塘池村的张国银以高考理科537分的优异成绩被南京信息工程大学录取，这个仅仅19岁的小男生面对着我们，显露出这个年纪不该有的成熟。早就没有了接到录取通知书该有的欣喜，取而代之的是满脸愁容。从他的眼神中，看到了渴望与无奈，我与这个羞涩的男生聊天发现，这个懂事的孩子早早有了要帮家里减轻负担，放弃读书的念头，而助学活动使他内心渴望知识的小火苗再次燃烧起来，他希望自己未来也能帮助更多需要帮助的人。

今年被济南大学泉城学院录取的李仙，不仅成绩优异，而且性格开朗，主动地与我们聊起天来。她对自己未来充满着期待，并早早地定下目标，要通过知识改变命运。被贵州师范大学录取的陈永丽同学十分懂事，她利用暑假时间勤工俭学，为父母减轻负担，励志成为一名光荣的人民教师，为更多山区的孩子带去知识。

“家贫子读书，逆境出英才”，每个学子背后都肩负着家庭的希望与责任。此次走访让我切身感受到了知识是战胜贫困的力量。学子们在困难的家庭环境下，发奋努力，刻苦读书。衷心祝愿这些受助学子为自己、为家庭、为社会、为国家，承担起更大的责任，成为真正的国之栋梁。

暑期夏日行，“农农”罗汉情

石阡县春晖扶贫志愿服务队授旗暨汤山街道北塔村春晖社挂牌成立仪式在北塔村罗汉果基地拉开帷幕。

罗汉果为何物？去之前我并不知道。

起了个大早，天空下起了淅沥沥的小雨，但是这并没有浇灭我们志愿者的热情。来到这里我尝试了无数的第一次，山路起起伏伏，直线而上的大陡坡，我们的大巴车像磁铁一样附着前进，我的小心脏，怦怦怦得要跳出来似的，但是我依旧面色沉着地和队员谈天说地。泥泞的山路，颠簸的大巴车，在这山间异常和谐。

梯田架着木杆，衣着朴素的村民忙碌着，看着他们织着蜘蛛网似的格子，我瞬间就来了兴致，跃跃欲试。焦急地等待着安排，在手里拿到一把小刀和一捆貌似很整齐的尼龙绳时，恍然大悟，我是要去织网的人。分工后，我们团队有了自己的一亩三分地，团队里有负责技术指导的人。通过与当地村民的沟通，他很快就学会了罗汉果结网，并悉心指导团员操作。我负责线的接头部分，需要一定的手劲把线与线紧紧连接在一起，还需要不怕被线划破手指的勇气。作为队长，我义不容辞。

团队合作，齐心协力，我们将白色的绳结成浓浓的志愿情编织在了这绿色的山野。瞧，那块规整的“蜘蛛网”就是我们的杰作。半天的劳作，鞋子早已不是当初的模样，裤子也被绣上了点点“黄花”，但是我们的内心是激动的，因为自己干了一件力所能及的事，更因为自己已然融入石阡，成为一名懂乡情的志愿者。

“人生几何，温水长存。唯此为大，刻骨铭心。”时光匆匆，一年已经悄然而逝，连绵的山峰，湛蓝的天空，洁白的云朵，水草浮动的龙川河，热情淳朴的村民们，还有那些迫于生活却依然笑容纯真的孩子们，这些都是我在这儿的美好记忆。在这记忆里的一花一叶，一山一水，一餐一饭，都流淌着西部人民的淳朴。

逐梦途中，我将砥砺前行。世界那么大，感恩有你们，感恩美丽石阡。

愿有岁月可回首 支教路上不回头

——第五届研究生支教团成员　张文娟

2018年7月，怀揣满腔的激情和梦想，参加安徽农业大学支教团，我成为一名支教教师，我的服务地是贵州省铜仁市石阡县河坝镇河坝中学。都说恋上一座城是因为爱上一个人，而我，恋上石阡是因为爱上这样的人和事。

学　生

我在学生时代是十分惧怕老师的，总感觉他们是观世音派到我们身边的唐僧，一动嘴就让我头痛不已。但是我的这群学生真的一点都不怕我，总是围着我叽叽喳喳，问这问那。看着他们单纯干净的眼睛，不停抖动的小嘴，我总是假装不耐烦地拍拍桌子说他们真是磨人精，然后耐心地解答着这一切无关学习的八卦问题。我住在学生宿舍一楼，每晚下自习我的门口总是聚集了一群手捧零食、谈天论地的学生，碰到胆子大的学生还会请我吃零食，然后缠着我给他们说大学的故事。他们清澈的脸庞深深地印在我的脑海中，成为我最深的回忆。

学　校

我们的支教地点是石阡最偏远的乡镇——河坝镇，原以为会是那种陈旧的教学楼和宿舍，原以为厕所里会到处苍蝇横飞，原以为教室桌椅会破烂不堪，原以为大山里都是泥巴路，原以为这里没有水和网络。可是当我们下车来到河坝中学的时候，我们原以为的其实也没有那么差，学校里有新盖的教学楼、宿舍和办公室，厕所附近虽然是蹲式的大众厕，但被学生们打扫得非常干净，没有多大的气味。马路是水泥路面，也从来没有断过水和无线网。食堂的阿姨会时不时地给我们改善伙食，经常会吃到用大盆装的排骨。对于一个南方妹子来说，真正领会到了北方“大口吃肉”的饮食文化。跳出了自己原始的生活节奏，离开了原来熟悉的生活圈子，在一个连饮食气候都反差巨大的地方生活得很惬意，这一切让我怎么不留恋这里！

充实的生活

“用一年不长的时间，做一件终生难忘的事。”这是历届学兄学姐铭记于心的话语。支教，听着简单平常，但其中艰辛，只有经历了才能体会。作为任课老师，我们课前要准备课件，课后要批改作业；作为志愿者，我们要听从团县委的调遣，参加大大小小的志愿活动；作为脱贫攻坚的一分子，我们要辅助驻村干部冲在第一线，我们是多重角色，肩负着多重任务。一年的支教生活注定会在我的人生中写下不平凡的一页。

支教让我经历、让我体验、让我学习，同时也让我有机会认识了原本根本碰不到面的人；也正是支教的契机，让我能够和同来支教的几个小伙伴一起朝夕相处这么长一段时光，把我们变做彼此的亲人。我们原本是素未谋面的平行线，支教把我们这些人相互缠绕，编织在每个人的生命里，成为彼此的回忆。

一年前，我带着满腔的热情来到这里；一年后，我带上成熟的内心、更丰富的阅历，带上这片土地的气息、学生的牵绊，走上以后更远的路。希望即将支教的学弟学妹们，不负使命，教书育人，收获不一样的人生。

支教：捧着一颗心来，抱着一份情去

——第五届研究生支教团成员　梁梦琦

人生就是在为自己的每一个选择买单。我很感谢当初选择来西部支教，很感谢在这里所经历的酸甜苦辣，很感谢在石阡遇到的所有人和事。感谢他们对我的包容、鼓励和帮助。

——题记

“用一年不长的时间，做一件终生难忘的事。”然而现在，这一年的支教时间也即将走到终点。回顾这段时间，自己的工作和表现，能够赢得学生的喜爱，能够得到其他老师和家长的认可，能够收获许许多多书本以外的知识，这是我收到的最好的礼物。

如电影《阿甘正传》里的台词：“生活就像一盒巧克力，你永远不知道下一颗是什么味道。”一年的支教生活，我工作着，生活着，付出着，收获着，感动着，挑战着，奋斗着。每天的生活都很充实，所以这一年过得格外快，在我的支教生涯这本书中写下一页又一页。待我翻开这本书，细细道来。

不愧于心，不畏将来

“为人师表，不求做多大贡献，只求不误人子弟，不愧于心，让孩子们多多看到外面的世界。”这是第一天来的时候，我给自己的底线。

2018年7月19日，我永远记得那一天。几经坎坷，我们终于来到了祖国西南部——贵州，这个我知之甚少的地方。从飞机上下来的时候，看到前来接机的团省委老师们，还有和我们一样来这片热土的同行们，我感受到了热情。三天培训后，我们来到了“苔茶之乡”——石阡。一切都是新鲜的，不一样的蓝天，不一样的水土，不一样的口音，不一样的风味，不一样的人物，不一样的感觉，一样的只有属于夏天的炎热。大致了解了县情县况，经历了培训后，所有人都充满了激情和干劲，然而在几场活动之后，酷暑打败了我们。几天后，一个偶然而又必然的选择，注定我们这一届研究生支教团走向了一条“陌生而又特别”的道路，现在回想，还是觉得不可思议。

2018年7月30日早晨6：30，跟随普兴村驻村第一书记，体验了如过山车一样的山路，我们来到了石阡县最偏远的乡镇——河坝镇，后来我们才知道它被称为“水果之乡”，但却是信息闭塞的地方。初来乍到，小心翼翼。我们用了三周的时间，陪留守儿童们度过一个七彩假期；走访贫困户，体验驻村包组干部的脱贫攻坚生活，熟悉这里的一切，也慢慢听懂了方言。

有缘千里来相会。在我们都对这片土地恋恋不舍的时候，服务地确定了，我们留在了这个地方。熟悉的山峰，熟悉的云朵，熟悉的小龙河，还有熟悉的面孔，一切都是那么温馨美好。我们的支教生活正式开始。我是一个胆小内向的人，不善言辞，不善交流，当初选择支教，有一部分原因就是为了挑战自我。初为人师，没有经验，很多事情都不会，也没有哪位老师专门教，得靠自己多看、多听、多学。第一次上课，说不紧张都是骗人的。临上课前，我手上攥着地理书，说不出话，空气安静得仿佛可以听到自己的心跳声。上课铃声响了，我站上讲台，看着座位上三十多张带着欣喜和好奇的面孔，一切都不是问题了。上课的过程很顺利，这让我对地理学科的教学兴趣更加浓厚，并坚信我可以教好。但我是一块砖，哪里需要往哪搬，我最终教授的科目是生物，这门我上中学不擅长又不喜欢的科目。“报应”来了，我不仅得让自己喜欢，还得花心思让学生喜欢。我像个自信满满的斗士，立志要把生物这个对手打倒。然而出师未捷，第一次考试就把我打趴下了。乡村学校的孩子们，聪明伶俐，什么都好，就是爱学习的少，很多同学的考试分数都少得可怜。我迷惑了，迷茫了，探索了一段时间，慢慢拨云见日，继续努力不丢下每一个学生。付出之后的收获就是学生每次考试的成绩都能给我带来惊喜，我觉得自己在进步。

除了日常的教育教学工作，我还负责学校其他工作。利用我的专业优势，植物兴趣小组开班了；完善了“校园之声”广播站，开创了《时政热点》《美文欣赏》《故事驿站》《文化之旅》等多个栏目；结合在校学生组织工作经验，我组建了首个学生社团——自律协会，并以世界粮食日为契机，将“光盘行动”落到实处；我还和团队一起参加脱贫攻坚等各种活动；客串主持人或者幕后操作音响……人生中很多的第一次都在这里诞生，虽然我们经验不足，但老师们都相信我们、支持我们。说实话，面对第一次的未知，我会有烦躁头疼的时候，但没有那些烦恼，也就没有现在这么多经历的我。不乱于心，不困于情；不畏将来，不念过往。如此，安好！

不忘初心，砥砺前行

在这个中国西南部偏僻的县城，人民淳朴，生活简单。在这里，很多老师夸赞我们敬业、充满活力，而我更敬佩他们本可以选择更广阔的天地，却几十年如一日，默默无闻守护着这片土地，敬佩更多像他们一样，无私为这片土地奉献的人。

支教是什么？一年前的我，认为是教给偏远山区孩子们知识，带他们感受大山外面的世界，是为了完成自己的一个西部梦。现在，支教是给孩子们带去了一双眼睛、一对耳朵和一双翅膀，让他们可以用这双眼睛去看看世界的五彩缤纷，用这对耳朵去聆听世界的异彩纷呈，用这双翅膀去寻梦、追梦。在这寻梦、追梦的过程中，我也实现了一个梦想，也多了一双眼睛、一对耳朵和一双翅膀。

2018年，我捧着一颗心来，懵懵懂懂；2019年，我抱着一份情去，满怀期望！

支教地简介

行政区划

石阡县辖7个镇、2个乡、9个民族乡，分别是：汤山镇、本庄镇、白沙镇、龙塘镇、花桥镇、五德镇、中坝镇、河坝场乡、国荣乡、聚凤仡佬族侗族乡、龙井侗族仡佬族乡、大沙坝仡佬族侗族乡、枫香侗族仡佬族乡、青阳苗族仡佬族侗族乡、石固仡佬族侗族乡、坪地场仡佬族侗族乡、甘溪仡佬族侗族乡、坪山仡佬族侗族乡。

少数民族

贵州省是一个聚集少数民族的地方，有彝族、白族、傣族、壮族、苗族、回族、傈僳族、拉祜族、佤族、纳西族、瑶族、藏族、景颇族、布朗族、布依族、阿昌族、哈尼族、锡伯族、普米族、蒙古族、怒族、基诺族、德昂族、水族、满族、独龙族、侗族等民族分布。

青春与西部结缘 梦想在基层绽放

——第五届研究生支教团成员　王志伟

“夜郎古都河坝场，柚乡是个好地方”，这是我对服务地（河坝镇）一个最初的认识！

——题记

2017年9月，因为辅导员的一句话：“学生党员要充分发挥先锋模范带头作用，你可以到西部历练历练。”经过报名、遴选、公示等一系列流程，我与西部结下了不解之缘，石阡给我留下了最美的青春记忆。一年间，我秉承“奉献、友爱、互助、进步”的志愿服务精神，深入基层一线，走村入户调研，服务乡村基层教务，助力脱贫攻坚，用实际行动践行当代青年志愿者的责任与担当。

一、教育教学

“上课！”

“老师好！”

“同学们好，请坐！”

“我先介绍下我自己，我是来自安徽农业大学的一名支教老师，这学期担任你们的历史课程教学。”

还没开始上课，学生便开始热聊起来：“安徽在哪里啊？安徽农业大学好不好啊？支教老师是干什么的？老师的普通话好标准……”孩子们的活泼可爱，让第一次站在三尺讲台的我有了信心。在之后与孩子们熟识的日子里，我度过了人生宝贵又精彩的一年。

作为一名支教老师，我坚持备好每一节课，上好每一堂课，一边教给学生知识，一边给学生们讲解外面精彩的世界。课堂上，我通过大量的课件、图片、视频向孩子们展示相关内容，孩子们对历史这一门课程表现出了极大的兴趣。特别是当学生听到大山之外的精彩世界时，课堂的氛围就变得异常热烈，我想通过努力，让学生明白学习的重要性、树立自己的目标理想，将来有机会走出大山，回报自己的家乡。同时我也利用课下时间找学生聊天谈心，了解他们的心理变化，并鼓励引导学生战胜学习、生活困难，做更好的自己。

一年里，学生的成绩都在慢慢提高，有很多同学都发生了很大变化：七（2）班任光勇，每一节课都认真听讲，他说："想通过努力学习，走出大山，看看外面精彩的世界"；七（3）班潘鑫学期开始非常厌学，经过聊天谈心之后，现在学习积极主动，成绩进步非常大。

二、文体活动

我们结合河坝中学的实际情况，开展各项活动，丰富学生课余生活。我和团队成员发起"安农与你一路黔行，书海悦读一起捐"，筹集了3万码洋的书籍，在河坝中学创建了距离母校1099公里的"1099"共青书屋。孩子们对于崭新的图书充满渴望，每天都排队去图书室看书。经过询问，我们了解到学生最喜欢看科普读物、散文集等，作为校园图书室管理员，我就把学生们爱看的书籍摆放在容易借阅的位置，为学生提供更多的方便。同时创立"廉政文化角"版块，方便学校党支部的老师借阅。

根据学生的兴趣爱好，我组建了学校足球队，每周二下午与小球员们在操场踢球，挥洒汗水，在运动中感受他们洋溢的青春，陪伴他们成长。

作为主持人，我主持了河坝中学"心怀感恩喜迎国庆　奋发图强助力脱贫"红歌合唱比赛、"青春心向党　建功新时代"系列活动、"为了明天　青春护航益起来"中考减压活动。第一次做主持人，我站在舞台上既紧张又害怕，但是经过一系列活动的锻炼之后，我慢慢地变得自信从容。同时我也开始锻炼学生们当小主持人，让他们鼓起勇气，挑战自我。

三、脱贫攻坚

2018年是石阡县脱贫摘帽的关键之年，我有幸参与脱贫攻坚这一项历史性工程，深感责任在肩，使命重大。没来贵州之前就听说贵州是一个"天无三日晴，地无三尺平，人无三分银"的"蛮夷之地"，其中"夜郎自大"说的就是我要去的服务地石阡县。我暗暗想着："这个地方一定很穷，人们思想应该很落后。"当我第一次坐大巴从贵阳到石阡，车窗外连绵不断的大山、低矮的木房、田里稀疏的苞谷（玉米）……不断地映入眼帘。我对旁边的队友说："贵州的脱贫攻坚任务很艰巨啊。"当我坐"过山车"到达河坝镇普兴村时，下车之后出现的眩晕、耳鸣，久久才得到缓解，我就知道这一年的扶贫之路肯定异常困难，但是我会尽自己最大努力进行扶贫扶志、治穷治愚。

第一次给村民上课是晚上，作为河坝镇普兴村脱贫攻坚青年志愿者夜校负责人，我定期给村民进行授课。经过前期宣传，村里的人听说有一个安徽农业大学的大学生来上课，都纷纷跑到课堂里"取经"。课堂上，村民们描述自家稻田里发生了虫害病害、果树树叶发黄、苞谷（玉米）长得又小又短等问题，我根据学到的知识进行一一解答，村民们纷纷对我竖起大拇指，第二天还拉着我到他们家田里实地考察。

第一次给村干部上课，是石阡县决战决胜脱贫攻坚的关键时期，我鼓励他们要"不忘初心，牢记使命，全心全意为人民服务，争取与全国同步小康"。村干部一边述说帮扶遇到的困难，一边勉励自己"撸起袖子加油干"。

四、关爱行动

为了乡村留守儿童接受到更好的教育，我们开办"四点半"爱心公益课堂，日常课堂以辅导作业为主，同时教授其他兴趣课程。随着教学的深入，学生的人数越来越多，我与他们也越来越熟悉。每次课前一群小朋友都拉着我玩游戏，一起嬉戏打闹。当得知很多孩子因为特殊原因（残疾、智力障碍等）不能接受正常教育时，我们就主动前往学生家中进行授课。寒来暑往，平常沉闷少语的学生慢慢地开始活泼起来，现在会主动对我说："老师好！"还主动把写好的作业交给我检查。当看到学生的成绩慢慢提高时，我们感到十分欣慰。在离开时，我们和学生一一拥抱，所有的感动都化为强忍的泪水。

我之前只在电视上看过"感动中国"的人物事迹，来到普兴村之后，身边就有一个这样的人——肖飞，他曾获"感动中华慈孝人物""全省道德模范""全国文明家庭"等称号。我们知道肖飞的事迹后，感触很深，就定下目标：每月去一次敬老院看望老人，帮助他们做一些力所能及的事。现在每一次的到来，老人们都远远看着说："老师来了。"然后集体来迎接我们。当看到老人们脸上的笑容越来越多，我也感慨自己的付出是值得的。为了关爱更多的孤寡老人和留守儿童，我们通过调研走访，了解他们生活所需，并联系社会爱心人士进行帮扶，帮助他们实现简单微心愿。当看到老人和孩子们实现心愿后脸上洋溢的笑容，我们由衷地感到欣慰。

这一年，我用自己的微薄之力践行"用一年不长的时间，做一件终生难忘的事。"

全身心地投入支教和扶贫的事业中来，身体和心灵得到了成长与锻炼。一年间，我们的足迹遍布了河坝镇15个行政村，跟随驻村干部和包组教师走访入户40余次，与脱贫攻坚一线的战友们、乡亲们、学生们，度过了人生中最美好的时光。我是学农学子，在接下来的学习工作中，我将继续与农业、农村、农民打交道，汇聚更多青春力量，积极投身到社会主义各项事业中来，用之所学、尽之所能，为脱贫攻坚助力，为乡村振兴贡献青春力量。

支教地简介

职业教育基础设施建设得到一定改善

近年来，党中央、国务院和省市县各级政府明显加大了对职业教育的投入力度。2006到2008期间，思南县中等职业学校争取到省、地、县的各种基本建设资金950万元用于新校区建设，学校自筹资金400万元，职工自筹资金70多万元用于实训设备改造和购置。2010年德江县政府在城南新区划拨330亩土地作为职校新校址建设用地，将县职校实施整体搬迁，并先后从省教育厅争取600多万元用于县职校建设实训室。2011年，县政府又拨款100万元用于县职校购置图书、添置设备及校舍维修。目前，德江县、碧江区、石阡县、思南县、印江县等职业学校都在抓紧实施新校区建设。但是很多学校的办学条件依然很艰苦。

青春感动

遇见，是一种缘分。感谢在石阡的日子，让我们遇见你们。感谢你们的深切关怀，你们的悉心指导；感谢你们的包容认可，你们的真情以待！石阡，你是我们的第二故乡！

守住初心守住理想，不负青春不负韶华

——共青团石阡县委副书记　陈绍江

岁月不居，时节如流。我最初认识你们的时候是在2018年的11月，那时组织正在考察我，还处于公示阶段，当时程茜跟我联系说要召开团代会，来到团县委工作后我慢慢认识了你们：程茜、王志伟、梁梦琦、张文娟。

读研究生是我非常向往的，2014年本科毕业的时候我在一个县城高中实习，全国研究生招生考试报名的时候我好几次打开了那个报名网站，但因种种原因，最终还是放弃了。当我看到你们的时候，感觉非常亲切。

还记得在2018年11月召开团代会的时候，我们在办公室开会讨论团代会有关事宜，我负责资料组的工作，并找了安徽农业大学的程茜和天津工业大学张显婧、李爽当帮手，那时候我们为了审核会议资料，在打字复印店核对了一个通宵，第二天还精神抖擞地完成了团代会各项工作。你们不怕苦的精神和认真的态度，让我由衷地敬佩。2019年春节前夕，团县委到河坝镇普兴村开展“春晖”感恩宣讲，当我们在急急忙忙布置活动场地的时候，我看到最多的是我们安徽农业大学研究生支教团成员和志愿者的身影，梁梦琦、张文娟两个女生，抬桌子、搭台子、搬凳子，两个瘦弱的小女生却在工作中非常干练，这让我非常感动。在2019年3月脱贫攻坚迎检志愿服务活动中，王志伟为我们的服务工作做出了重要贡献，特别是在晚上汇报会上他那憨厚老实的几句“我觉得挺好的啊”让我又好气又好笑。

在一年的服务期内，我们安徽农业大学研究生支教团的成员除了在河坝中学开展支教工作外，还负责河坝镇普兴村“草儿青青·花儿朵朵”公益课堂、青年脱贫攻坚夜校等教学辅导工作。每当遇到全县的活动，你们都会从87公里外的河坝镇坐大巴车赶到县城，准时出现在志愿服务的第一线，在“水博会”“志愿者日”“温暖衣冬”“春运”“义务植树”“集体婚礼”“纪念五四运动100周年”等志愿服务活动中，处处都能看见你们的身影。每一次志愿服务活动，你们的红马甲都是一道亮丽的风景线。你们创建的

“1099”共青书屋，打开了贫困地区孩子们的心灵世界；你们实施的“Hui流计划”项目，帮助贫困地区的老人和儿童实现了愿望。

一年来，你们的脚印遍布了石阡的每个角落，你们的精神成为团员青年们学习的榜样。你们将青春奉献给了石阡这片热土，我们石阡人民将会铭记于心。在此请允许我对你们说声谢谢，谢谢你们为石阡教育事业和共青团工作所做的贡献，谢谢你们为贫困地区孩子们所做的一切。

时间如白驹过隙，不经意间，仿佛你们还没在这里待几天，就要回去了。面临离别，我非常不舍。我经常跟你们说，虽然你们支教的时间只有一年，但你们的付出终将会成为一生的宝贵财富。希望你们在今后的学习工作中，守住初心、守住理想，不负青春、不负韶华。同时，也衷心地祝愿你们身体健康、学业有成、前程似锦。

支教地简介

职业教育校企合作取得良好成效

各县区职校开展校企合作办学成效比较突出。校企合作、工学结合是职业教育的特色。近年来，各县区职校在该方面进行了积极探索，成效良好。例如，玉屏职校依托其重点专业，主动与必登高鞋业皮具有限公司、雅鹿集团共建实训车间，推进校企双元融合。特别是石阡县职校，其专业主要采取与职业院校、合作企业进行联合办学，效果比较好。其中，服装制作专业与成业针织厂联办，汽车驾驶与维修与贵州机械工业学校联办，电子电器与维修与广东启盈电子厂联办，医学护理与铜仁职院联办，幼师与深圳特蕾新国际幼教师集团联办，并建立了以县人民医院为中心的医学护理实训基地、以成业针织厂为依托的针织缝纫基地、以龙塘镇大屯村茶场和新华茶场为主阵地的与南天公司合作建立的茶叶生产与加工实训基地、以石阡县退伍军人汽车修理厂为主的汽车应用与维修专业教学实习实训基地等。

所做之事终生难忘，所留之情弥足珍贵

——共青团石阡县委副书记　邵大伟

“用一年不长的时间，做一件终生难忘的事。”很庆幸与你们——安徽农业大学派驻石阡第五届研究生支教团，在阡城相遇。见证你们践行青春诺言的同时，我也倍受教育，格外受益。自从你们踏上阡城土地的那一刻起，你们的头上就已自带光环，作为援阡支教团志愿者，你们责任重大、使命光荣。

下面我仅从与你们身份更为相符的老师角度对你们表达三个感谢：首先感谢你们给河坝中学带来了变化。河坝中学是石阡县最远的乡镇中学，也是我参加工作的第一站。四年的时间里，我深知河坝中学距离远、生源差的同时，学生们的心里都有一颗想要探索外界的好奇心，他们对全新的知识是多么的渴望。正是你们的到来，让他们的梦想变得触手可及，学校也发生了全新的变化，成立了第一个社团——河坝中学自律协会，建立了“1099”共青书屋，制订了“Hui流计划”，并且在普兴村开办“草儿青青·花儿朵朵”公益课堂，为留守儿童带去别样的温暖；成立脱贫攻坚夜校，为当地百姓传经送宝。作为河坝中学的一员，我在此对你们说一声谢谢！

其次感谢你们给石阡教育注入了活力。2018年是石阡县决战脱贫攻坚总攻之年，全县4000余名干部职工奋战在脱贫攻坚主战场，教育系统也不例外。学校干部职工都有各自的帮扶任务，正是你们的补位，让石阡教育有了喘息的机会。2019年5月，安徽农业大学党委副书记裴树东率领学校领导班子前来我县慰问支教团，同时资助了河坝中学困难学子，并表示第六届研究生支教团已选拔完毕，足见安徽农业大学对我县教育的高度重视。匆匆一年一瞥而过，唯有感恩铭记在心。

最后感谢你们给石阡青年树立了榜样。习近平总书记在党的十九大报告中强调：青年兴则国家兴，青年强则国家强，青年一代有理想、有本领、有担当，国家就有前途，民族就有希望。你们秉持“到西部去，到基层去，到祖国需要的地方去”的崇高理念，来到阡城，践行习总书记对青年一代的殷殷嘱托。你们实现了自我理想，也给石阡青年指引了奋斗的方向。每逢周末，你们的身影都会在乡镇出现，脚印遍布大小村寨，或是调研走访，或是捐资助学，青年学子被你们的无私奉献深深打动，纷纷表示，毕业以后定要像你们一样树立崇高的理想信念，尽己所能、不负青春。

千言万语，诉不完对你们的感激之情；一纸书文，道不尽对你们的崇高敬意。你们所做之事终生难忘，所留之情弥足珍贵。一切的一切已然留存心间，永世难忘！同时也真诚地祝福你们，学业有成，前程似锦，阖家幸福！

支教地简介

职业教育师资培训力度加大，但教师质量仍难以满足教学需要

师资队伍的建设，是专业建设和设置的先决条件，关系到职业教育发展目标实现的程度，关系到学校能否适应市场需求而设置专业。从事职业教育的教师不仅要有扎实的专业知识，还要有过硬的操作技能和丰富的实践经验。县中职学校面临的问题主要有四个方面：一是过去招聘的老教师第一学历较低，学习能力有限，难以紧跟知识更新换代的速度。以江口县中等职业学校为例，44名公办教师的第一学历情况如下：本科11人、专科10人、中师（含高中）21人、初中2人。虽然许多教师通过进修拿到了大专或者本科学历，但实际文化知识水平不能与全日制大专或本科生相比。二是新招聘的教师，从学校到学校，没有实际操作或从业经验。三是近几年市场专业需求变化较快，许多教师面临所教专业与所学不符的问题。四是部分民办教师的编制问题还没有得到解决。因此，可以说相当一部分教师在具体教学过程中，理论偏多，实践不足；缺乏应有的针对性和专业性，无法有效回应市场新信息，不能满足教学需要。

石阡县文博中学欢迎你

——石阡县文博中学副校长、中学高级教师　郭太常

2017年7月底，我校迎来了两位来自安徽农业大学研究生支教团的志愿者阮熹晟和朱亚文。两位志愿者积极主动，服从学校安排，为我校教师队伍注入了新鲜血液，为我校发展增添了新的活力。

我对于两位志愿者的第一印象是他们执行力极强，特别能吃苦。这源于2017年8月5日我校举办的一场活动。那日，我校成功举办了第十二届“文博之星”颁奖典礼晚会，可以说这是我校的一件大事，也是文博每年的传统节日。当然，意义越大，付出越多。为了这场晚会，学校全体师生忙碌了好几个月，当晚活动现场每位工作人员也都是身兼数职。两位志愿者当时刚抵达石阡、进入我校差不多一周的时间就迅速进入了工作状态，忙碌了一整晚，为晚会的圆满成功付出了他们的汗水。活动第二天我校接到县体育场的电话，说是学校昨晚晚会结束后，由于天黑，体育场未完全清理干净。两位志愿者得知此事后，立即接受了学校的安排，前往县体育场，完成了收尾的清扫工作。当时我校一位教师正在体育场散步，恰巧遇见，于是录像发到了教师群中，群里的老师们纷纷为两位志愿者点赞。

之后临近开学，考虑到学校实际情况，八年级有两位英语教师都带三个班，而且也都是班主任，工作量很大。学校便把两位志愿者分别安排给了那两位英语教师做助教。阮老师跟岗彭兴旺老师，助教八年级1、2、3班；朱老师跟岗滕浩老师，助教八年级5、6、7班。同时，从他们的简历中，我们了解到他们在大学期间有着较为丰富的共青团工作经历，便安排了他们协助团委相关工作。在之后的工作中两位志愿者都干得风生水起。教学方面，两位志愿者积极配合跟岗教师工作，大大减轻了该教师的工作压力。我也时常从两位教师那儿听到两位志愿者不仅能完成，如批改作业、讲解习题等基本的

工作，还能主动辅导学生课业、与学生谈话谈心，这些都充分反映了两位志愿者的主动作为。2017年12月，临近期末，文博小学中一位英语老师身体抱恙，朱老师临危受命，前往小学顶下了那位老师的全部课程，完成了期末前一个月的教学。共青团工作方面，两位志愿者更是发挥了他们的专长，少先队建队仪式、向国旗敬礼活动、上团课……可以说有团的地方就能见到他们的身影。这一年以来，我校共青团工作越来越严谨规范，团组织的活力显著提升；同时还取得了很多可喜的成绩，这里的成绩也有他们的一份。

当下中学教育，除了知识上的传授，思想上的引领、心理上的辅导同样重要。提高政治站位，狠抓教师党建自然成了我校工作的一项重点工作。两位志愿者中，阮老师来我校时是预备党员，他能够积极参加学校党支部的各项主题研讨活动，并且能发挥党员先锋模范作用，在当下的脱贫攻坚战中主动作为。2017年9月、12月阮老师、朱老师两次联系他们母校及社会资源为我县化塘村化塘小学与扶堰村扶堰小学两所村小捐赠了约20000元爱心物资。在同年12月阮老师的转正支部大会上，我校党支部全体党员全票通过了关于阮老师按期转正的申请。现在，阮老师已经是一名正式党员了，他却并没有因此停下脚步，学校里到处都是他奉献的身影。大到学校层面申报材料的书写，小到给学生解答一个问题、帮其他老师完善一份PPT课件。

中学生是一群十几岁的花样少年，面对这样的一个群体，青春期、叛逆期交织，外加课业压力较重，学生们不时会出现一些心理上的问题乃至行为上的偏差。一个典型的例子：滕浩老师发现他带的班级中一个女孩子有青春期心理浮动现象。他把这个孩子交给了朱老师，因为他相信年纪相仿外加同性间的了解，朱老师能妥善解决这个孩子的心理问题。朱老师接到任务后毫不马虎，前期做了大量的准备工作，中间又作为一个倾听者耐心地听那个孩子所说，最终的谈话很成功，孩子也了解到了青春期一些正常的心理活动及应对方法，还把朱老师当成了最愿意交心的朋友。小事见真情，小事暖人心。

现在已经是4月份了，可能再有不到3个月的时间两位志愿者就要离开石阡，离开我校，重返他们的校园继续读研深造了。在此有两点希望想与他们述说。

做一个充满爱心的人。爱是教师职业道德的基本要求，充满爱心就是对事业负责，对每一个学生负责。你们能选择西部支教，能来到文博中学，就证明了你们是一个有爱心的人。可能你们以后也不一定会从事教师这个职业，但是请记住，爱是人最为珍贵的品格。记住当下所做的事情，日后无论在哪，都要将这一年的精神发扬下去。文博日新，德行天下。

做一个勇于探索的人。当下我国已经进入了新时代，新时代号召新青年。我相信你们能够担得起新青年这个称号。新青年就要永葆青春活力，新青年就要敢闯敢拼、敢作为敢担当，新青年就要在实现中国梦的伟大征途中放飞青春梦想、成就事业华章，勇做新时代的弄潮儿。文博立德，臻于至善。

最后，希望你们能一如既往，圆满地完成接下来80余天学校的工作。7月饯别后，文博也时刻欢迎你们，有机会常回来看看。

支教地简介

自然资源

石阡县属中亚热带湿润季风气候区，日照充足，气候温和，雨量丰沛，无霜期长。地质构造特异，自然资源十分丰富。水资源和地热水资源丰富，有“温泉之都”的美誉。

让青春在这里闪光

——石阡县实验小学校长、石阡县第一届道德模范 汪 艳

贵州省铜仁市石阡县实验小学位于石阡县城中心，是县委县政府高起点规划、高标准设计、高质量办学的一所全日制公办小学，2014年3月开始筹建，2014年秋季开学招生。学校占地面积6868平方米，建筑面积5255平方米，现有18个教学班，教师50人，学生1100人，留守儿童219人，学生来源18个县乡镇。学校以“探索创新，立德励志”为校训，“百花齐放，百鸟争鸣”为校风。历年来在全县中小学考核中名列前茅，多次荣获省、市、县奖章，并于2017年7月荣获“贵州省首批文明校园（中小学）”称号。

2017年7月，我校迎来了首批安徽农业大学研究生支教团吕旺和姚瑾凡两位老师，他们的到来给学校注入了新鲜活力。入校以来，两位老师服从学校教学教导安排，工作中团结协作、勤于学习、成绩突出，态度上积极上进、乐观热情，生活中乐善好施、教书育人。

姚瑾凡老师在我校主要担任四（3）班和五（1）班英语教学任务，负责学校播音主持社团活动和少先队播音室工作。她勤于钻研，虚心请教，敢于创新，充分发挥自己的特长，把社团活动和播音室工作开展得有声有色。积极协助辅导员，开展丰富的主题活动，负责主持学校大型节目，展现了她出众的组织能力和动人的风采。在教学中，她勤于钻研，教书育人，关爱学生，为人亲和，深受学生喜爱。她积极参加教研活动，勤于反思，善于交流，自觉提升业务能力，所带班级期末统考成绩名列全县前列。

除了工作的认真态度让全校老师和学生赞叹外，研究生支教团成员们的爱心更是温暖了我们大家！他们经常对留守儿童进行课后作业辅导，给留守儿童过集体生日，并主动联系母校，为我校贫困学生开展暖冬活动，给山区贫困的孩子们送来了来自安徽农业大学大哥哥、大姐姐们的温暖和关怀！

不仅如此，研究生支教团成员们还积极参加社会实践活动，在全县活动中留下了他们的身影。姚瑾凡老师还在石阡县苔茶形象大使选拔竞赛活动中，获得了可喜的成绩。

在石阡这片热土上，在短短一年的支教生涯里，他们把年轻人的智慧与热情发挥得淋漓尽致，时时刻刻都感染着我们每一位教师。他们播撒着热情，奉献着大爱，耕耘着幼苗。来自安徽农业大学的这份爱的种子，必将在这里生根发芽，枝繁叶茂！

支教地简介

旅游资源

石阡历史悠久，历史文化遗产、文物名胜众多。这里有国家级保护单位万寿宫等明代古建筑群，有省级文物保护单位府文庙、太虚洞和“红二、六军团司令部”旧址。

县内有列入省自然保护区佛顶山原始常绿叶林原生植被，珍禽异兽，珍贵树种及具有石阡地方民族风情和科考探险等自然景观；还有上千对鸳鸯栖息的情人谷、风神洞、太虚洞等旅游资源。

石阡县资源丰富，特别是低热矿泉堪称一绝，素有“泉都”之称，是中国第一个国家级温泉群风景名胜区。

青春与西部结缘 梦想在河坝绽放

——石阡县河坝中学校长、高级教师 张洪中

石阡的夏天，太阳格外热情，草木也特别茂盛，冬青树的叶子油亮油亮的，广玉兰的大白花散发出一阵阵的清香。在这个充满生机的季节，我们学校迎来了一群充满青春气息而又可爱特别的人。他们的到来，不仅为河坝中学注入了新鲜的血液，带来了新奇的视角，也给广大青年教师树立学习的榜样，为我校发展增添了新的活力。

——题记

起初，当共青团石阡县委的领导询问我是否需要支教老师时，考虑到很多因素我犹豫了。学校以前接收过支教老师，与研究生支教团的性质都不一样，但最终综合考虑，我还是决定接受支教老师的帮助。现在回想起来，庆幸我当初做了这个决定。从他们身上，我看到了来自城市大学生的激情满满和热情活泼，看到了对待工作一丝不苟的态度，还有他们一直奉行的“奉献、友爱、互助、进步”的志愿者精神，不搞特殊、认真负责，团结协作而又分工明确，他们真正践行了“用一年不长的时间，做一件终生难忘的事”这句话。

支教工作繁忙沉重，尤其这一学年赶上了脱贫攻坚的关键时期，但他们始终以教育教学工作为重心，快速融入学校生活，了解班级学生信息，认真上好每一堂课，仔细批改每一次作业，跟随班主任一同走进学生家中，了解情况。

除了教育教学，学校各项活动都有他们的身影，协助举办了庆祝中华人民共和国成立69周年“心怀感恩喜迎国庆·奋发图强助力脱贫”红歌合唱比赛、纪念改革开放40周年“我与改革共奋进”主题征文比赛、纪念庆祝中华人民共和国成立70周年暨五四运动100周年系列活动、“为了明天·青春护航益起来”中考减压等活动，给学生和老师带来全新的体验感。

这一年，因为脱贫攻坚工作，“5+2”是每一个教师的工作日常，他们也与我们一

样。结合河坝镇实际情况，他们在团县委党建帮扶村普兴村开办青年志愿者脱贫攻坚夜校；跟随驻村干部入户走访；代表学校参加由县委宣传部、河坝镇党委组织的“文艺走基层·文化助脱贫”文艺巡演，为乡亲们带去了文化盛宴。除此之外，他们还主动了解乡情民俗，融入河坝生活，积极参与“激发内生动力　助力脱贫攻坚”“小手拉大手·千师战贫困”环境卫生整治活动，为助力河坝脱贫贡献青春力量。

天下无不散的筵席，在离别之际，方感时间之匆匆。我们即将目送河坝中学2019届毕业生踏上人生的新征程，也意味着和这群来自远方的优秀的孩子们要说再见了。昔日的敬业与奉献历历在目，爱校如家令我们感动。大恩不言谢，在这我谨代表河坝全体师生对你们的付出表示衷心感谢，祝愿四位老师学业有成、事事如意。

最后利用此篇幅要感谢安徽农业大学，培养出优秀的大学生，让我们看到了新的希望；同时也要感谢安徽农业大学对我校的关心和帮助，感谢共青团石阡县委，派遣他们来到河坝中学，给我们一个继续学习的机会。

十八罗汉山葱葱郁郁，小龙河水涨涨停停。校园里的广玉兰花圣洁如玉，学生们的嬉笑打闹映入眼底。我们永远记得，在2018年的夏天，有几个陌生面孔风尘仆仆，拎着大包小包、带着满腔热情走进学校，用他们的努力奋斗在学校的历史书上添加了浓墨重彩的一页。

欢迎再来！

新时代教师的典范，教书育人的标杆

——石阡县河坝中学党支部书记、副校长 沈 力

安徽农业大学研究生支教团成员于2018年8月至2019年8月来我校支教，他们分别担任了历史、生物、计算机等课程的教学老师，同时协助团委开展学校的相关活动，在工作上积极主动，服从学校安排。

思想上，研究生支教团成员坚持四项基本原则，忠诚党的教育事业，爱岗敬业，为人师表，严格要求自己，积极参加我校的政治学习，严格遵守我校的规章制度。优良的师德形象是学生学习的榜样，敬业精神是我校教职工学习的楷模。

在我校支教期间，研究生支教团成员乐于助人，无私奉献，创建了汇聚社会爱心力量的“一个书屋”，发起“安农与你一路黔行，书海悦读一起捐”活动，筹集了价值3万码洋的书籍，创建了“1099”共青书屋等。他们团结同志，积极参加集体活动，协助团委完善“校园之声”广播站，组建了学生自律协会，并以世界粮食日为契机，将“光盘行动”落到实处，赢得学生的喜爱，受到同事的好评，得到学校的肯定。

教学工作中，他们具有强烈的事业心和责任感，业务精湛、勤勤恳恳、任劳任怨、勇于创新，虚心向老教师学习。他们的课堂活泼生动，教学中注重激发学生的积极性，培养学生的学习兴趣。他们关心学生，尊重学生，奉献爱心。他们认真备课，因材施教。他们认真批改作业，潜心教学，出色完成了教学工作。

感谢研究生支教团成员在我校的无私奉献，让我们全体教师感受到了新时代高学历年轻教师的魅力。你们为我校教师队伍注入了新鲜血液，为我校发展增添了新的活力。

火一样的青春

——石阡县实验小学四（4）班蔡园易家长　马　静

尊敬的吕老师：

时间过得真快，在不知不觉中过去快一年了，与其说是评价，更多的应该是感恩！首先感谢学校给予孩子们这么好的平台，让孩子们有幸得到跟研究生支教团的优秀青年志愿者们一起学习的机会。你们的到来让我们山区的孩子如沐春风，得到知识源泉的滋养。

尤其是我们四（4）班年轻博学、和蔼可亲的吕旺老师，自从你的到来，孩子们常挂嘴边更多的是“我们班的数学老师好年轻”“上课好好玩”“还会有很多知识呢！”之类的话，孩子们不会华丽的语言，但是这些极为简单的话语，却代表了孩子们的心声。不到半月时间，吕旺老师和孩子们已经打成一片，成为他们心中的榜样！我经常听到孩子们说：“我长大以后要成为和吕老师一样的人。”

在课堂上，吕老师认真钻研教材，精心备课，敢于打破传统的教学模式，深入孩子们的内心，这使数学课程形象生动。他身上具备一种吸引孩子们的魅力，运用多种教学方法，考虑到每个孩子的不同情况，结合实际，因材施教。他以幽默的语言和憨厚可爱的神情调动孩子们听课的积极性，讲课思路清晰、语言表达准确、教材重点突出，让孩子们真正体会到寓教于乐，在轻松愉快的环境下学习，培养了孩子们的学习积极性和主动性。就拿我家孩子蔡园易来说，以前课上从不主动回答问题，现在不一样了，孩子能够积极主动回答问题，跟得上老师的思路，回家还经常和爸爸妈妈说起吕老师数学课上的情况。孩子们敬畏老师，又喜欢老师。

在课堂后，吕老师和蔼可亲，跟孩子们融入一片，阳光积极，和孩子们交流，大到畅谈人生理想，小到讨论个人兴趣爱好，深得孩子们的喜爱，成为孩子们的偶像。他利用自己在学校住宿的休息时间让孩子们到宿舍参观，跟孩子们一起玩益智的游戏。利用孩子们爱玩的天性，鼓舞孩子们的斗志，重新点燃孩子们的梦想。我的孩子在日记中提到“我要和吕老师一样，学习更多的科学文化知识，去外面的世界看看，做一个博学多识，对社会有用的人”。感谢吕老师让我的孩子找到自我价值观。

在家校沟通中，吕老师的强烈责任心更是让四（4）班家长们感动。虽然他还是一名在校研究生，但是自从他来到孩子们中间，就已经对孩子们视如己出，关心着班上的每一个孩子。他认真批改作业，每次给孩子们的评语都不一样，让家长也参与到孩子的学习之中，督促孩子学习，每次将想说的话都写在孩子的作业本上，并邀请家长和老师联系，呼吁家长们共同关心孩子们的成长。这些真的让我十分敬佩，他比一般的年轻老师多了一份尽责。我还记得有一次他举办的家长会，用自己独特的见解，展示班级里每一个孩子的学习情况，他关注的不是孩子的成绩，更多的是为孩子们的每一次进步而高兴。他语重心长地告诉家长们要多花点时间陪伴孩子们的学习、生活和成长，用他自己的成长经历来证明家庭教育的重要性，教会我们如何去更好地培养孩子们生活习惯、学习习惯和行为习惯！一个好的行为习惯和学习习惯会让孩子们受用终身！

孩子们在吕老师的教导下快乐学习，四（4）班的数学成绩得到了明显提高。他还让孩子们懂得了很多做人的道理，要懂礼貌，尊长辈，爱父母，和身边的同学和睦相处。作为一名学生家长我发自内心地谢谢吕老师给予孩子们的关爱！这些都是吕老师和学校辛苦付出的教育成果，希望我们的孩子们以后能多有这样的学习机会。欢迎研究生支教团的青年志愿者们的到来！这里的孩子们需要你们！

2018年4月16日

姚老师，我们爱您！

——石阡县实验小学四（3）班学生　谭　瑶

亲爱的姚老师：

您好！

老师，您知道吗？当您第一次出现在我的面前时，我就感到一种青春的气息扑面而来。您爱笑，微笑几乎时时刻刻都挂在脸上，于是我便有了疑问：这样的老师，能管住我们吗？带着疑问，我开始和您接触，和您生活在同一个集体中。渐渐地，我发现您有一种神奇的力量使班里的每一个同学都很听话。您不绷着脸，不扯着嗓子训斥我们，您用您特有的方式给我们上英语课。

还没敲上课铃时，您会用音乐来让我们大家放松、愉快心情。上课时您还会将英语单词加到游戏中，让我们上一节轻松、愉快的英语课。

姚老师，我感激您，我感激您那神奇的力量让我们爱上英语课。

祝姚老师工作顺利！

青春印记

这一年，我们卸下名利的愿望和城市的遐想，奔赴遥远又未知的远方。这一年，我们背上沉甸甸的行囊和年轻的梦想，踏上神秘又温暖的地方。挥一挥手，作别可爱的家乡，伴着远行的号角，开始了非同寻常的起航。

有人说，青春是一朵七色花；也有人说，青春是一张正待完成的画卷。在我的世界里，青春是奉献，也是丰收。一首赞歌唱响了前进的号角。“到祖国最需要的地方去”“到最美的西部去”。到西部去，完成青春之花最美的绽放。这条黔行路，或许山高水长，或许道阻且长，但安农研究生支教团始终在路上。

安徽农业大学研究生支教团：爱心相伴 温暖永远

中国青年网北京2015年12月29日电（记者 李彦龙 通讯员 宋浩楠） 12月25日，是西方国家的新年圣诞节，安徽农业大学研究生支教团成员与所在服务学校汤山中学党委书记、团委书记，来到化塘小学捐赠爱心物资。

安徽农业大学研究生支教团成员向学生们发放物资，并与化塘小学师生合影

化塘小学位于石阡县白沙镇化塘村，是一所条件艰苦的山村小学。学校目前共有60多名学生，学生家境都很困难。了解到化塘小学的实际情况后，研究生支教团成员们主动发起募捐，筹集物资，希望给孩子们的提供帮助。最终募集到棉衣百余件、棉袜和手套百余套、文具60多件，还有书籍、体育用品、水果、糖果等。

捐赠结束后，研究生支教团的成员们还走进教室，与孩子们分享一些励志的故事，希望孩子们克服困难，好好学习，茁壮成长。

拒绝寒冬

——安徽农业大学研究生支教团在行动

中国青年网北京2016年11月21日电（记者　李彦龙）　安徽农业大学研究生支教团始终情系石阡，服务石阡，为石阡经济社会发展贡献自己的力量。安农大第三届研究生支教团到达服务地后，深入了解当地留守儿童和孤寡老人的情况，在了解到今年冬天比往年更加寒冷的消息后，通过学校同学、朋友、亲人等关系募集到了一批御寒的物资。为在寒流来袭前将物资发放到真正需要的人手中，安徽农业大学研究生支教团特开展“暖冬行动”。

扎根岗位献青春，用爱心为梦想护航

安徽农业大学第三届研究生支教团在石阡县花桥小学支教。花桥小学在校生754人，其中寄宿生344人，留守儿童190余人。立冬以来多次降温，小学生们双手和脸庞冻得通红，让人好生心疼。

安徽农业大学2015级研究生第六党支部捐赠的物资适时到达了研究生支教团成员的手中。为了尽快将捐赠的手套和围巾发给需要的小学生，研究生支教团成员根据物资的数量，在低年级学生中甄选了50余人，并于11月17日将物资发到了他们手中。拿到漂亮的手套和围巾后，学生们的脸上洋溢着笑容，如寒冬中绽放的花朵，天真烂漫。

走村入户送温暖，用行动助力精准扶贫

石阡县花桥镇凯镇村有贫困人口380余人，在全镇属于贫困人口较多的村子。石阡县施行公职人员结对帮扶各村、各组政策，研究生支教团成员在与花桥镇政府一工作人员交流时，了解到他帮扶的凯镇村还有很多贫困人口，其中许多的单身汉与孤寡老人生活无所依靠。得知这个消息后，研究生支教团成员主动与该工作人员筹谋，11月18日在

村委会工作人员的帮助下将围巾在内的御寒物资一一送到有需要的群众家中。

部分群众家中用家徒四壁来形容一点都不为过，只有简单的床、桌椅和灶台，再无其他现代一点的生活用品。有的因为疾病缠身，用光了钱财；有的因为家里成员丧失了劳动力，一个人苦苦支撑；有的因为是孤寡老人，生活困苦……此次御寒物资共发放10余户，得到了村民们的一致好评。

安徽农业大学研究生支教团一直秉承“立足校园　服务社会　深入实践　成长成才”的宗旨，从2014年第一届研究生支教团发起“让这个冬天不再寒冷”的活动至今，已连续三年开展暖冬行动。拒绝寒冬，安徽农业大学研究生支教团在行动。

安徽农业大学研究生支教团奔走在爱心帮扶路上

中国青年网北京2017年2月3日电（记者　张思怡）为了对贵州省石阡县的小学生、孤寡老人和贫困村民开展爱心帮扶，日前，安徽农业大学研究生支教团发起“让这个冬天不再寒冷”的募捐活动。该活动得到了母校和各界的响应，汇聚了巨大的爱的力量。

安徽农业大学募捐的106个爱心包裹

2016年12月23日，安徽农业大学研究生支教团成员收到安徽农业大学募捐的106个爱心包裹。他们立即将爱心包裹进行了拆包、分类。在拆开爱心包裹的过程中，志愿者们很是感动，甚至湿润了眼角。其中有安徽农业大学一位女教师买的40个书包；一位大一女学生写给小朋友们的信；很多未留姓名的安徽农业大学学生买的文具、牙刷……还有很多七成以上新的各式服装。安徽农业大学全体师生与石阡人民心心相连。此次爱心物资中有书包50个、牙刷160把、铅笔和中性笔3800余支、学生作业本2000余本、橡皮2盒、水杯20个、手套20副、各式服装300余套……价值15000余元。

安徽农业大学研究生支教团志愿者们收到爱心包裹后，主动与石阡县花桥镇团委陈雷书记联系，确定在花桥村开展帮扶活动。12月26—27日，在花桥村村委会主任的支持下，对花桥村50多户村民进行了帮扶，将一批冬装送到了他们手中，其中有因病卧床的奶奶、生活困苦的大叔和孤寡老人们。他们对研究生支教团志愿者的到来表示欢迎与感谢，其中一位奶奶如是说："谢谢你们，谢谢大家还惦记着我这个老太太。"

安徽农业大学研究生支教团成员走进花桥村村民家开展爱心帮扶

由于新年将近，爱心包裹中的书包、文具和春夏服装等将在新春之后送到真正需要的人手中。爱心不只是在冬天才能让人感觉温暖。安徽农业大学研究生支教团志愿者们将在爱心帮扶的道路上一直前行……

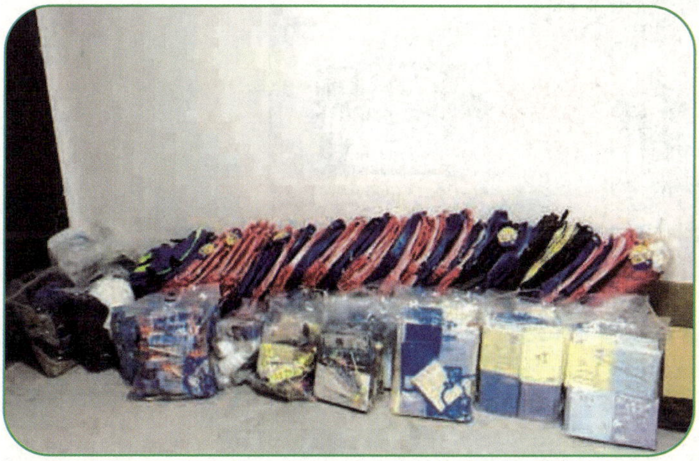

安徽农业大学师生募捐的爱心物品

据统计，安徽农业大学研究生支教团在石阡服务的三年时间里，为汤山中学、白沙镇化塘小学、花桥小学和花桥镇村民募捐善款与物资共计48000余元。此外，安徽农业大学研究生支教团志愿者们还积极参与石阡县组织的各类志愿服务活动。志愿者们相信"一年石阡行，一世石阡情"，争取在一年的时间里努力为石阡县的发展做出自己的贡献。

安徽农业大学研究生支教团募捐文具为花桥小学献爱心

中国青年网北京2017年3月29日电（记者　李川）　近日，安徽农业大学研究生支教团“爱心文具”捐赠活动在石阡县花桥小学举行。此次捐赠的爱心物资有书包50个、牙刷160把、铅笔及中性笔3800余支、学生作业本2000余本、橡皮2盒、水杯20个，还有现金700元。该批“爱心文具”是由安徽农业大学全体在校师生募捐所得。

捐赠活动过程中，安徽农业大学研究生支教团的成员对花桥小学2016—2017学年第一学期期末考试成绩优异的同学进行了表彰，并鼓励全体学生向优秀看齐、对自己负责、刻苦学习，争取在下一次考试中取得优异的成绩。

安徽农业大学研究生支教团为花桥小学学生发放学习用品

安徽农业大学召开欢送会为西部再送一批志愿者

中国青年网北京2017年7月5日电（记者　李川　通讯员　吕莎莎　阮熹晟）　6月28日下午，安徽农业大学2017年大学生志愿服务西部计划欢送会召开。校党委常委、纪委书记裴树东以及2017年西部计划志愿者参加了会议。

安徽农业大学2017年大学生志愿服务西部计划欢送会召开现场

学校团委书记张健首先介绍了学校大学生志愿服务西部计划工作的基本情况，随后与会的师生进行了座谈交流。“一年的时间不长，我想充分利用这一年的时间，做一件让自己终身受益的事，同时给自己的人生画上一抹不一样的色彩。”研究生支教团成员朱亚文在发言中谈到。志愿者们在会上纷纷发言，他们用朴实的语言、真挚的情感表达了志愿西部、奉献青春、建功立业的决心，也表达了对母校及老师、同学深深的感激眷念之情。

裴树东向志愿者们讲解了西部计划对国家发展和大学生成长成才的重要意义，并向同学们提出了三点希望。希望同学们树立远大理想，志存高远，把实现个人理想和国家前途命运紧密结合起来；希望同学们虚心学习，多交流、多沟通，努力在实践过程中增强自己解决问题的能力和本领；希望同学们踏实肯干、勤奋工作，以最佳的工作业绩展现安农学子的青春风采。

据悉，今年，该校选派了11名毕业生（其中，4名研究生支教团成员）参加西部计划，他们将分赴西藏、新疆、贵州、河南、陕西和安徽省基层开展各项志愿服务工作。在实践地，他们将放飞梦想、挥洒青春，用实际行动在实现中国梦的伟大实践中书写自己别样精彩的人生。

安徽农业大学领导与2017年西部计划志愿者合影

安徽农业大学研究生支教团：在阡一年 青春无悔

中国青年网北京2017年7月8日电（记者 李彦龙） “用一年不长的时间，做一件终生难忘的事。”安徽农业大学第三届研究生支教团在阡服务已满一年，与石阡人民和石阡经济社会发展的点点滴滴都深深印在了安徽农业大学研究生支教团3名志愿者的心底。

扎根学校，伴学生成长

作为研究生支教团计划的志愿者，安徽农业大学研究生支教团的对接帮扶地是石阡县花桥镇小学。3名志愿者承担着学校3～6年级英语教学的任务，还承担着个别班音乐、体育和美术课程，同时协助学校教师开展其他工作。

安徽农业大学研究生支教团的3名支教志愿者重视肩上担负的责任，始终做到课前认真备课，课后认真总结，为学生答疑解惑，对学生无所保留。教学之外，3名志愿者关注住校生尤其是留守儿童的成长情况，课余时间和学生玩成一片，为学生描绘群山之外的世界，帮助学生养成良好的思维习惯，引导学生树立正确的“三观”。

紧跟组织，为人民服务

作为团石阡县委管理的西部计划志愿者，安徽农业大学研究生支教团的3名志愿者服从团委的领导和安排，与办公室工作人员和西部计划的其他志愿者团结合作，一起为石阡人民、为石阡经济社会发展做出了贡献。他们主要参加了“青微扶贫——百善恩孝”志愿服务行活动、重阳节慰问县敬老院老人志愿服务行活动、贵州省“禁毒工作”现场会服务工作、城北社区“四点半课堂”志愿服务活动、石阡县中小学生主题演讲比赛服务工作、石阡县“五四”青春杯中学组篮球联赛志愿服务工作等。

深入基层，与人民为友

2016年7月底到阡后，安徽农业大学研究生支教团的3名志愿者被安排住在花桥镇政府公租房，受到当地领导和职工的关心与照顾。3名志愿者珍惜机会，教学之余，还参与了花桥镇政府的一些工作：会场布置和会议招待；帮助职工收发、装订和整理文件材料；参加了花桥镇人大代表换届选举和政协委员换届选举工作……

安徽农业大学研究生支教团在花桥镇凯镇村开展“暖冬行动”活动

安徽农业大学研究生支教团走进石阡开展爱心捐赠活动

中国青年网北京10月13日电（记者李川） 近日，安徽农业大学研究生支教团联合服务地学校——文博中学，前往位于石阡县白沙镇化塘村的化塘小学开展“喜迎国庆，欢度中秋，情暖化塘”爱心捐赠活动。

虽然天公不作美，但是志愿者们还是带着满载社会各界爱心的物资毅然冒着大雨驱车一个多小时赶往化塘小学。捐赠仪式上该校负责人表达了对安徽农业大学研究生支教团及文博中学的感谢。研究生支教团志愿者阮熹晟用简短的话语表达了对孩子们的期盼。他希望孩子们都能快乐生活、努力学习，将来做一个对社会有用的人。

安徽农业大学研究生支教团走进石阡开展爱心捐赠活动

安徽农业大学研究生支教团成员为学生发放爱心物资

紧接着，志愿者们给孩子们分发了来自安徽农业大学生命科学学院研究生党支部成员们手写的明信片。对于幼儿园和小学低年级的孩子们来说，识得这些字还有些难度，所以志愿者们耐心地给每位孩子读明信片上写的内容。拿到自己喜欢的明信片，听着来自远方的大哥哥、大姐姐们的祝福，孩子们的脸上洋溢着幸福灿烂的笑容。

图为化塘小学学生展示手中的爱心包

据悉，化塘小学是石阡县一所地处偏僻且条件艰苦的山区村小，也是安徽农业大学研究生支教团从2014年以来一直对接帮扶的一个点。为筹划本次活动，安徽农业大学研究生支教团通过前期与母校及社会各界爱心人士联系，并积极与文博中学进行沟通，共同为化塘小学募集书本、文具、体育用品、月饼等物资，价值3000余元。

让爱传递

——安徽农业大学研究生支教团开展暖冬行动

安徽农业大学团委2018年1月11日　大家还记得之前发起的一个“爱心募捐”活动吗？我想，有些小伙伴已经等不及想知道最新情况了。没错，经过1个月的时间，大家之前给贵州省石阡县捐的物品已经在研究生支教团的带领下成功抵达目的地了！

2017年12月29日，安徽农业大学研究生支教团志愿者分别在石阡县实验小学、扶堰小学开展了“暖冬行动·让爱传递”公益捐赠活动，将承载着大家爱心的价值25000元物资送到了孩子们及村民们手中。

寒冬虽至，情暖实小

实验小学是安徽农业大学研究生支教团支教的学校之一。该校虽地处石阡县城，但在校生中仍有较多家庭贫困的留守儿童。12月29日上午，在该校操场举行了捐赠仪式。该校副校长徐涛、徐喜红出席仪式。

暖冬行动捐赠仪式现场

仪式上，两位校长和研究生支教团志愿者姚瑾凡、吕旺分别为孩子们分发了爱心物资。孩子们手捧着一个个爱心包裹，喜悦之情溢于言表。受资助学生代表杨怡慧表达了对安徽农业大学大哥哥、大姐姐的感谢与祝愿，并承诺一定努力学习，将爱心传递下去。最后，徐涛副校长代表实验小学表达了对安徽农业大学研究生支教团助教助学工作、善行善举活动的感谢，同时也希望受资助的同学们能铭记这份恩情，用实际行动予以回报。

党建帮扶，让爱传递

扶堰小学是位于石阡县甘溪乡扶堰村大山深处的一所村小。12月29日上午，在石阡县委组织部领导及文博中学党支部书记的带领下，研究生支教团志愿者阮熹晟、朱亚文等一行5人前往了该校。

阮熹晟、朱亚文整理爱心物资

首先他们就扶堰村贫困户家中进行了走访慰问，并发放了爱心物资。紧接着到达了扶堰小学，利用课间时间，开展了爱心物资集中发放活动。孩子们领到了温暖的棉衣、崭新的书包、多彩的图书、丰富的文具……无不开心地露出了笑颜。县委组织部门领导对安徽农业大学研究生支教团在支教、扶贫、公益等工作中的贡献给予了充分肯定。他们勉励研究生支教团要进一步发挥教育扶贫的作用，以扶智助力扶贫，为进一步加快石阡县脱贫攻坚步伐贡献青春力量。

扶堰小学

据悉，今年已是安徽农业大学研究生支教团在石阡服务的第4年，也是他们连续开展“暖冬行动”的第4年。在共青团安徽农业大学委员会、安徽农业大学青年志愿者联合会的密切配合下，4年间，共为汤山中学、化塘小学、花桥小学、实验小学、扶堰小学和花桥镇、甘溪乡村民等募捐善款与物资价值75000余元。

农娃认为，只要我们有能力，只要我们还愿意，我们就能为远方的孩子送去温暖，送去我们的心意。在此，农娃希望，远方再无寒冷。

曙光学子苗玉晴：西部支教，点亮我的青春底色

中国青年网北京2018年5月2日电（记者 潘倩倩） 作为一名曙光学子，我觉得自己最大的收获是，感受被社会关爱的同时，也在积极传递着温暖与爱。在这个认知过程中，不得不提的是那一年西部支教。

结缘曙光，丰富我的大学生活

2011年9月，幸运的我与曙光基金结缘。如果说阳光能照进人的心田，被选拔为曙光学子的那一刻，我的心田是充满阳光的。

在肯德基餐厅兼职，一干就是4年。这4年，肯德基让我的生活更丰富多彩，更充实自信。临别时，餐厅经理不舍地跟我说：“现在，你不再是以前那个唯唯诺诺的小女孩了。”4年时间，我收获的不仅是拿到生活补贴的喜悦，更是不依赖父母自强自立的能力。

我始终认识到自己的学生身份，虽参与餐厅实践、社团活动等活动和项目，但从未耽误学业，本科4年成绩一直保持班级前列。曾经担任班级团支部书记、班长，还曾3次荣获国家励志奖学金、4次“三下乡”优秀团队，荣获专业特等奖学金、省级双优生、感动校园十大人物、贵州优秀基层工作者及志愿服务先进集体、研究生“演艺达人秀”一等奖等荣誉。此外，我还被保送本校研究生。

教育扶贫，西部支教，点亮我的青春曙光

大一暑假，我随曙光公社队员一起赴肥东县阳光小学爱心支教，从此以后，我便踏上了关爱留守儿童的志愿服务之路，也为自己去祖国大西南支教埋下伏笔。

大学4年，每年暑假我都会参与曙光公社组织的关爱留守儿童项目。让我感动的是，我在关心他们的时候，我也被他们惦念着：大三的暑假，我收到了一封来自上海的明信片，原来这是我曾经帮扶过的侯店小学的孩子寄来的。后来，这封明信片的故事还刊登在我们当地的报纸上，引起广泛反响。一点小爱心一步步被鼓励、被肯定，这激发

了我、鼓励了我。

2015年我响应共青团中央的号召，参加中国青年志愿者扶贫接力计划2015—2016年度研究生支教团，同年7月30日，我来到贵州石阡的汤山中学，担任初三年级的化学老师。

由于缺乏教学经验，在教学上，我不仅向有经验的老教师请教，还自己钻研摸索更有效的教学方法。成立化学兴趣小组，对有进步和表现优秀的学生及时给予鼓励。在随后的中考中，我带的三个班在同类班级中分居第一、二、四名。生活中，由于我也曾经是留守儿童，因此跟他们之间有很多共同语言，学生们也常和我谈心。其中有个叫李丽的学生后来告诉我，是我让她爱上了化学；周波说，听过我的团日讲座，他再也没有在班级捣乱。中考临近，有学生感到烦躁，我就带她们去跑步，没几天，跑步大军就有了几十个学生……平时，我会把自己的书籍、零食跟学生分享。他们也很暖心：有学生会给我带自己家种的地瓜、花生；有学生得知我宿舍后门有蛇，特地从家带了硫黄粉；还有的学生画我的肖像做贺卡送给我。

传递曙光，激励我的帮扶之路

在汤山中学支教的同时，我还组织支教团的同学一起去帮扶了环境更恶劣、位置更偏僻的化塘小学。第一次拜访我就被触动了：废弃民房改建的教室，只有学前班、一年级和二年级，一共61个孩子，就只有一位年纪较大的老师，他们唱着革命歌曲。我带着孩子们做游戏，跟孩子们玩成一片。其中有个孩子始终一言不发，我蹲下来跟她交流。这个5岁的孩子叫小群，家境颇让人同情，爸爸失明，妈妈精神缺陷，她衣衫单薄，脸和手都黑黑的，我跟她说要学会把手和脸洗干净，我会再来看她。第二次到访是圣诞节，我们给孩子们带来了丰厚的礼物，孩子们第一次过圣诞节。这次，洗得很干净的小群笑得非常开心。

对于这所小学的困境来说，我们的帮扶是杯水车薪，但我们相信“蝴蝶效应”。第二年春天，政府决定大力援建化塘小学。后来，被当地电视台采访时我才知道是由于我们的帮扶，并通过新闻媒体报道，化塘小学才引起社会的关注和帮扶的。

一年的支教活动结束以后，我依然牵挂着那里的孩子。2017年中秋节前，我所在的安农大生命科学院党支部通过研究生支教团与化塘小学对接，给孩子们送去了月饼、明信片。视频通话中，小群和孩子们还记得我，热情地喊着：“苗姐姐、苗姐姐……”

用一年的时间，做一件终生难忘的事。我怀念那年夏天，宁静的山，勇敢的心和可爱的人们。唯愿娃娃们被曙光照耀，被世界温柔以待。

安徽农业大学研究生支教团到河坝镇和平村开班授课

石阡县人民政府网2018年8月2日电（记者　黄美宁）　8月2日，安徽农业大学研究生支教团受团县委邀请到河坝镇和平村开班，为和平村1~6年级学生进行义务授课，开班当天共计56名小学生参加。

据悉，安徽农业大学研究生支教团将在和平村开展为期近20天的暑期教学活动，授课以丰富暑期生活为目的，支教团将根据学生的兴趣爱好精心设置课程，主要以主题教学和课业辅导为主，开设英语、数学、语文等基础科目，增加舞蹈、户外游戏等兴趣课程。

支教团秉持奉献、友爱、互助、进步的志愿精神，把所学所长真正运用到所服务的工作机构，为脱贫攻坚贡献自己的力量。

安徽农业大学研究生支教团参加助学走访助力国之栋梁

中国青年网北京2018年9月4日电（记者　李川）　近日，安徽农业大学研究生支教团石阡服务队队长代表团县委与中坝街道团委负责人、村支委组成调查组对中坝街道的部分贫困学生家庭进行了走访。

学生杨朝林的家

“女娃娃你们来了，孙女就有盼头了”，佝偻着背、步履蹒跚的七旬老太在听了调查组的介绍后激动地用当地方言说。抬眼看着木头房子，简陋，破旧，一张缺角的木头桌子可能就是这个家最“豪华”的家具。经过走访交谈，调查组得知这部分特殊群体，致贫的背后都有着命运给予的无奈：有的单亲，火灾成为家庭的催命符，烧毁了这个家最后的庇护；有的因为母亲车祸丧失劳动力，老人疾病给本就不堪一击的家庭带来噩耗；有的家里经济来源有限，只能靠着微薄的低保勉强维持生计，而两个子女考上大学这本该高兴的事却不知喜忧……

安徽农业大学研究生支教团成员与塘池村学生张国银合影

安徽农业大学研究生支教团成员与学生陈永丽合影

贫穷阻挡不了优秀，坎坷造就栋梁。满墙的奖状使得这陋室熠熠生辉。塘池村的张国银以高考理科537分的优异成绩被南京信息工程大学录取。这个19岁的小男生面对着调查组，显露出这个年纪不该有的成熟。他的脸上没有接到录取通知书该有的欣喜，取而代之的是满脸愁容。从他的眼神中，看到了渴望与无奈。调查组与这个羞涩的男生聊天发现，这个懂事的孩子早早有了要帮家里减轻负担，放弃读书的念头，而“国酒茅台·国之栋梁”助学活动使他内心渴望知识的小火苗再次燃烧起来，他希望自己未来也能帮助更多需要帮助的人。今年被济南大学泉城学院录取的李仙，不仅成绩优异，还性格开朗，主动地与调查组聊起来。她对未来充满着期待，并早早地定下目标，要通过知识改变命运。被贵州师范大学录取的陈永丽同学十分懂事，她利用暑假时间勤工俭学，为父母减轻负担，她励志成为一名光荣的人民教师，为更多山区的孩子带去知识。

“家贫子读书，逆境出英才”，每个学子背后都肩负着家庭的希望与责任。此次走访让调查组切身感受到了知识是战胜贫困的力量。

日前，由中国青少年发展基金会、茅台集团、共青团贵州省委、共青团四川省委等单位联合发起“国酒茅台·国之栋梁”——2018希望工程圆梦行动大型公益助学活动，它将为这些贫困学子打开了一扇改变命运的大门。衷心祝愿这些受助学子能为自己、为家庭、为社会、为国家承担起更大的责任，成为真正的国之栋梁。

安徽农业大学研究生支教团：迎春晖社挂牌 织罗汉果情缘

中国青年网北京2018年9月6日电（记者　李川）　为做好春晖社阵地建设，进一步深化春晖行动聚力脱贫攻坚、服务群众的积极作用，近日，贵州省石阡县春晖扶贫志愿服务队授旗暨汤山街道北塔村春晖社挂牌成立仪式在北塔村罗汉果基地拉开帷幕。

石阡县春晖扶贫志愿服务队授旗暨汤山街道北塔村春晖社挂牌成立仪式
在北塔村罗汉果基地举行，志愿者在授旗仪式上进行宣誓

仪式上，团县委副书记蔡菲妤简要介绍了石阡县春晖扶贫志愿服务队的基本情况。来自安徽农业大学研究生支教团成员代表志愿者发言。他表示，春晖扶贫志愿服务是一项伟大但人人可为的行动；是一项平凡但意义重大的行动。作为新时代的我们要用“聚是一团火，散是满天星”的信念，把理论与实践相结合，把春晖情与志愿行相融合，主动作为、感恩奋进。随后，全体志愿者进行了庄严宣誓。

仪式结束后，安徽农业大学研究生支教团4名成员在村民的指导下，为该村罗汉果基地编织网架。团队合作，齐心协力，他们将白色的绳结化成浓浓的志愿情编织在了这片绿色的山野上。

安徽农业大学研究生支教团成员为罗汉果基地编织网架

聚力脱贫攻坚、助推乡村振兴，安徽农业大学研究生支教团成员将不忘初心，牢记使命，为开创“百姓富、生态美”的多彩贵州新未来贡献青春力量。

安徽农业大学研究生支教团走进普兴村有感动更有不舍

中国青年网北京2018年9月7日电（记者　李川）　力尽不知热，但惜夏日长。日前，安徽农业大学研究生支教团一行来到贵州省石阡县河坝镇普兴村，开展为期20天的暑假扶贫、支教活动。

河坝镇地处石阡县西部，遵义市余庆县东部，距石阡县城87公里，是出入石阡的“西大门”，素有“天无三日晴、地无三尺平”之说，普兴村距河坝集镇仅约2公里。

研究生支教团成员为孩子们上感恩教育课

开班第一天就来了30多名孩子，这不免让研究生支教团有些欣喜和意外。一周后，课堂上的孩子越来越多，就连行走不便的东英姐妹都来了。孩子们日渐开朗的性格和渴望学习的心态让研究生支教团成员欣慰。那一刻，所有的感动和欣慰都化为脸上勉强的微笑和强忍住的泪水。

基础教学

很多孩子的基础科目，尤其是英语较为薄弱。针对此情况，研究生支教团成员将英语教学和辅导暑期作业作为重点，培养他们对英语的兴趣，让他们收获成长与快乐。

春晖感恩

为传承、发扬中华传统美德，培养孩子们从小就养成尊亲爱老的意识，树立正确的世界观、人生观和价值观，研究生支教团成员增设感恩教育课程，以学习肖飞的事迹和精神等孝道课堂为依托，教导他们懂得知恩、感恩，有朝一日能够反哺家乡，为家乡发展助力。

安徽农业大学研究生支教团成员带领孩子做户外游戏

大山外面

大山里面消息闭塞，为了让孩子们感受外面世界的五彩缤纷，激发对学习的兴趣，研究生支教团成员特别开设“大山外面”系列课程。孩子们对大山外面的风景、建筑、美食以及人文风俗尤其有兴趣，课堂气氛十分活跃。

兴趣教学

为拓展孩子们的视野，培养课外兴趣爱好，丰富暑期生活，研究生支教团成员在闲暇时间教孩子们舞蹈、唱歌和朗诵，开展手工课程和户外游戏，周六放映英语动画电影，以此提高孩子们的自信心。

用爱守护

在众多健康活泼的孩子当中，有一对特殊的姐妹——东英、实英姐妹。姐姐刘东英活泼爱动，但有先天残疾，不会说话，不会写字，不会走路，生活不能自理；妹妹刘实英聪明伶俐，但寡言少语。于是，研究生支教团成员每天会挤一点时间，和两姐妹互动。终于东英会念自己的名字，敢于尝试走路；实英也变得开朗起来。

普兴村可爱的孩子们

连绵的山峰，湛蓝的天空，洁白的云朵，水草浮动的小龙河，笑容纯真的孩子们，善良淳朴的村民们，这些都是普兴这个小山村留给支教团的美好记忆。在这片记忆里，一花一木、一山一水、一言一语，都流淌着武陵山区人民的善良与纯真。20多天的时间，恍然而逝，内心满是不舍与感动。再见普兴！保重河坝！

安徽农业大学研究生支教团服务石阡温泉文化旅游节

中国青年网北京2018年9月20日电（记者　李川）　近日，2018梵净山国际天然饮用水博览会在贵州省铜仁市举行，石阡县是本次水博会唯一分会场，安徽农业大学研究生支教团从业务培训开始到水博会结束全程参与其中。

安徽农业大学研究生支教团成员在石阡县参加水博会志愿服务工作培训会

9月13日晚，龙川河畔灯光璀璨，石阡夜郎古泉人潮涌动。2018梵净山国际天然饮用水博览会观摩团走进石阡，来自全国各地的100多名嘉宾，中央、省内外和市级媒体50余家80余人齐聚“温泉之城·长寿石阡”。世界非物质文化遗产石阡说春，国家级非物质文化遗产木偶戏、仡佬毛龙以及省级非物质文化遗产蹦蹦鼓等一大批地方性民族文化项目以演绎的形式予以展示，融合仡佬罐罐茶敬茶仪式、石阡苔茶茶艺表演以及名目众多的石阡特色小吃，文化体验与地方优势资源相互映衬，把水博会推向高潮。会场上那一抹黄色的身影以意气风发的姿态、专业热情的服务，忙碌在这充满艺术气息的夜色中，用行动诉说着志愿服务的真谛。

高原清泉30万吨矿泉水厂是研究生支教团成员服务的主要阵地，9月14日清晨，身穿黄色马夹，头戴白色志愿帽的志愿者到达石阡县花桥镇高原清泉水厂。研究生支教团被分派到桶装水岗点，为来宾们讲解来自石阡的水文化。出自五德镇的清凌山泉清洌可口；富氧水成为本场焦点，淡雅的玻璃瓶拉环包装尤为显眼。

送走了嘉宾，水博会渐渐落下帷幕。志愿服务致青春，安农研究生支教团一直在行动！

安徽农业大学研究生支教团成员在石阡县花桥镇高原清泉水厂服务

支教随笔：走进石阡愿我们拥有永恒的青春

中国青年网北京2018年9月14日　和多数研究生支教团团队不一样的是，我们（安徽农业大学研究生支教团）和服务地，并不是初次相见。

初次见面

“初次见面，请多多关照！”2018年7月30日，怀着热忱之心，我们来到贵州省铜仁市石阡县的西大门——河坝镇（河坝场乡），一个美丽的水果之乡，自此结下不解之缘。

刚接触这个地方的时候，一切是那么新奇、美好。连绵的山峰，湛蓝的天空，洁白的云朵，层次错落的屋脊线，水草浮动的小龙河，神秘的夜郎古国……街头巷里，田间路旁，到处都是熟透的李子、小巧可爱的西红柿、青涩诱人的沙田柚……我们一致认为，来到了一个山水宝地。

之后的二十多天，我们在这里开展各项暑期活动：七彩假期——感恩教育课堂、脱贫攻坚夜校、关爱敬老院老人、学习肖飞精神、入户走访调查等。终于到了要离开的时候，我们十分不舍，和孩子们道别，和村民们道别，和这里的万物道别。然而，缘分总是那么的奇妙。

重返故里

8月27日，太阳依旧那么热烈，怀揣着激动和不明的兴奋，我们再次来到这个心心念念的乡镇。熟悉的山峰，熟悉的云朵，熟悉的小龙河，还有熟悉的面孔，一切还是那么温馨美好。

树上的李子早已化为“春泥”，软籽石榴高高挂起，玉米地的苞谷被收入背篓，青涩诱人的柑橘和沙田柚，散发出阵阵清香。孩子们远远见到我们，争先恐后跑过来，眼睛里面闪烁着光芒。

“再次见面，请多多关照!”

初为人师

古朴的教学楼，透着年华的桌椅，生机勃勃的广玉兰和香樟，活泼可爱的学生，热情好客的老师……这是我们对河坝中学的第一印象。

第二天早上，我们正式拿到教材，准备授课。每个人教授科目不大相同，我教授七、八年级学生的生物、地理、历史课。虽然所讲授科目不如语文、数学、英语重要，但担负着启蒙学生、教导学生普通话以及讲述外面精彩世界的责任。

说不紧张是骗人的。临上课前，小伙伴们坐在一块，手上攥着书本，也不说话，空气安静得仿佛可以听到自己的心跳。“为人师表，不求做多大贡献，只求不误人子弟，不愧于心，让孩子们多多了解外面的世界。”这是第一天来的时候，一个小伙伴说的。于是，站上讲台，看着座位上三十多张带着欣喜和好奇的面孔，一切都不是问题了。

“上课!”

“起立!”

“老师好!”

“同学们好，请坐。”

一切发生的顺理成章。

学校时光

早晨起床、洗漱、打扫卫生、早餐、参加升旗仪式，早读、上午四节课，午餐、午休，下午三节课，晚餐、晚自习、熄灯。从早六点到晚十点，十六个小时，和学生同吃同喝，每一分一秒都过得十分充实。孩子们见到我们，都会羞涩地问候一声：“老师好!”老师们相互见面，也都相视一笑。对于支教老师的一切，他们似乎都十分感兴趣。

“老师，以前上《桂林山水》这篇课文的时候，我就对桂林向往，听了您的课之后，对这个地方更加感兴趣。都说桂林山水甲天下，我想好好读书，以后带着爸妈去桂林看看。”看到学生呈上来的作业，有这么一段话，瞬间觉得，原来孩子们把我们放在心上了。

当然，有一个学生写最想去的地方是“福南”（湖南）。可能受方言影响，这里的人习惯把“h”音发成“f”音。于是在第一次上地理课提到“湖南”的时候，就强调了发音，最后还是令人哭笑不得。看来，我们的支教工作任重道远。

人的一生只能享受一次青春，当一个人在年轻的时候就把自己的人生与人民的事业紧密相连，他所创造的就是永恒的青春。真心希望我们以及我的学生们都能拥有这样永恒的青春！

支教地简介

文化特色

石阡是全国仡佬族三大聚居地之一，尧上仡佬民族文化村是一个比较典型的仡佬民族村落，邓氏宗祠、仡佬图腾、民居建筑、敬雀节、古树、风雨桥、溪水、神仙豆腐、烤全羊、贡茶、上刀山、下油锅、竹球比赛等处处体现着仡佬民族的文化特色。

每年二月初一的敬雀节，是尧上仡佬族人的盛大节庆日，是人与自然和谐相处的节日，也是感恩节。

石阡是我国的“长寿之乡”。

安徽农业大学研究生支教团开设兴趣课程护“花”成长

中国青年网北京2018年9月26日电（记者 李川） “非学无以广才，非志无以成学”，为人师表，立德树人。为丰富学生的课余生活，开拓他们的视野，培养学生的动手能力，近日，安徽农业大学研究生支教团在贵州省石阡县河坝镇初级中学开设了乡村少年宫兴趣课程。

研究生支教团成员充分利用专业优势，发挥学校教师的特长，合理分配学校现有资源，于每周二、周三下午课外活动时间为学生提供丰富多彩的少年宫活动，开设了道德讲堂、普通话艺术、足球、篮球、电子琴等11门兴趣课程。学生可以根据自己的兴趣爱好，自愿报名、自主选择兴趣班。少年宫的项目成果将于学期末根据类别进行展示，旨在让同学们有更多的获得感，能够在活动中收获快乐，在快乐中提升自我。

秉承“尊重学生个性，培养学生特长，为学生终身发展奠基”的宗旨，研究生支教团成员号召全校老师积极参与，培养德智体美全面发展的优秀少年，在活动中关爱留守儿童，尊重学生个性发展，护卫祖国的花朵茁壮成长！

彭豪到河坝镇普兴村调研并看望慰问安徽农业大学研究生支教团

石阡县团县委2018年9月29日　县人民政府副县长彭豪到团县委党建帮扶村河坝镇普兴村指导调研脱贫攻坚工作，并赴河坝中学看望慰问安徽农业大学研究生支教团，县住建局、团县委主要负责人陪同调研。

脱贫攻坚队成员座谈交流

在普兴村，彭豪与该村脱贫攻坚队成员进行了座谈交流，并围绕“一达标两不愁三保障”六要素，听取了村攻坚队关于产业发展、基础设施建设等当前重点工作的情况汇报。彭豪对普兴村脱贫攻坚工作成绩给予了充分肯定，提出要进一步统一思想，明确目标定位，细化责任分工，以更高的标准、更多的精力、更大的力度，统筹力量，勇于担当，全力以赴推进各项任务落实，为全县脱贫攻坚工作贡献力量。

调研结束，彭豪一行还深入河坝中学看望慰问安徽农业大学研究生支教团，并召开座谈会与研究生支教团成员亲切交谈。会上，支教团队长对团队基本情况、工作开展情况进行了汇报，校领导对研究生支教团的敬业精神及踏实肯干的工作态度给予了充分肯定。在了解志愿者的学习、身体健康、工作情况后，彭豪高度赞扬志愿者的工作态度和精神状态，对安农大支教团为我县教育事业发展所做出的贡献表示感谢。他希望安农大研究生支教团能够继续加强对我县的帮扶力量，除了教育事业方面，还要充分结合各位志愿者专业专长，将力量发挥到我县各项工作中去。团县委也要进一步做好安农大研究生支教团的后勤保障工作，确保研究生支教团工作顺利开展。

县委领导看望慰问支教团成员

安徽农业大学研究生支教团
“草儿青青　花儿朵朵”公益课堂开课

中国青年网北京2018年9月29日电（本报记者　李川）　为帮助贵州省石阡县河坝镇留守儿童树立崇高的理想信念、提高学习成绩，丰富学生课余生活，近日，安徽农业大学研究生支教团“草儿青青　花儿朵朵”公益课堂在普兴村正式开课。

安徽农业大学研究生支教团“草儿青青　花儿朵朵”公益课堂在普兴村正式开课

“老师，我们这么快又见面了”，调皮的山娃娃对着安徽农业大学研究生支教团咯咯地笑着说。公益课堂以辅导课业为主，采用先静后动、寓教于乐的形式进行。先让孩子们静下心完成作业，然后为他们答疑解惑。研究生支教团成员针对孩子们遇到的共性问题进行了统一讲解，提高孩子的思辨能力。为了激发孩子们的兴趣爱好，研究生支教团成员在课堂上还穿插开展心理教育、绘画、手工等兴趣活动，营造了孩子爱学习、乐学习的良好氛围。

“学习环境好、老师用心，让孩子在舒适的环境中继续学习，真是为我们办了一件好事、实事！”家长们的话朴素却温暖。“草儿青青　花儿朵朵”公益课堂将“两学一做”学习教育与“托管”课堂活动结合起来，针对精准扶贫户孩子学习条件差，为孩子们提供了良好的学习环境。在此基础上，研究生支教团将号召更多的老师志愿者加入公益课堂，为因残不能上学的儿童送教上门，让春晖爱心洒遍河坝镇的每一个角落，让知恩感恩、反哺家乡的观念深入每个孩童的心中！

普兴村的孩子正在公益课堂上认真学习

安徽农业大学研究生支教团
捐建共青书屋　送书香递真情

中国青年网北京2018年10月9日电（本报记者　李川）　贵州省石阡县河坝镇，山峰层峦叠翠。在这里书本成了孩子们了解外面世界、获取有用知识的唯一途径。日前，安徽农业大学研究生支教团发起“安农与你　一路黔行”书海悦读团体一起捐活动，汇聚社会力量，为河坝中学的孩子们建立了“1099”共青书屋，实现孩子们的“悦读”梦想，这是来自1099公里之外安徽农业大学诚挚的祝福。“1099”共青书屋是继汤山中学共青书屋后安徽农业大学研究生支教团在阡建立的第二所爱心书屋。

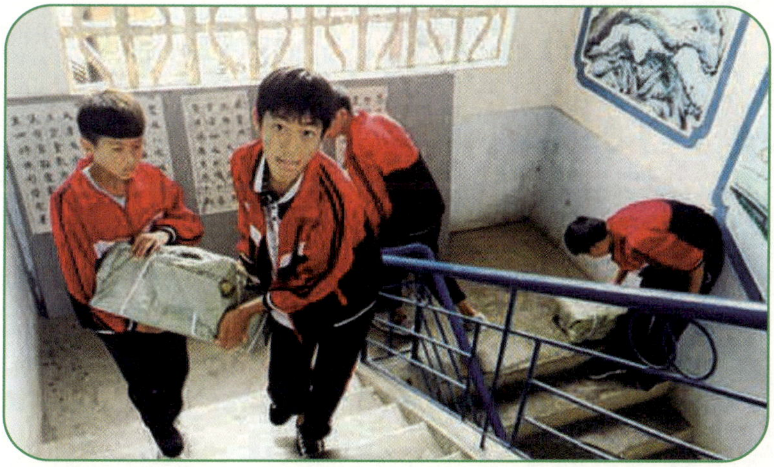

学生们在搬运图书

传一缕书香，送一份真情，安徽农业大学研究生支教团积极参与由全国大学生西部计划项目办联合中国青年志愿者协会秘书处、中国光华科技基金会共同发起的书海悦读团体一起捐活动。通过线上众筹，最终共有300余位爱心人士和包括共青团安徽农业大学委员会在内的社会团体参与其中，共筹集33570码洋的正版图书。

安徽农业大学研究生支教团在河坝中学举行“1099”共青书屋授牌仪式

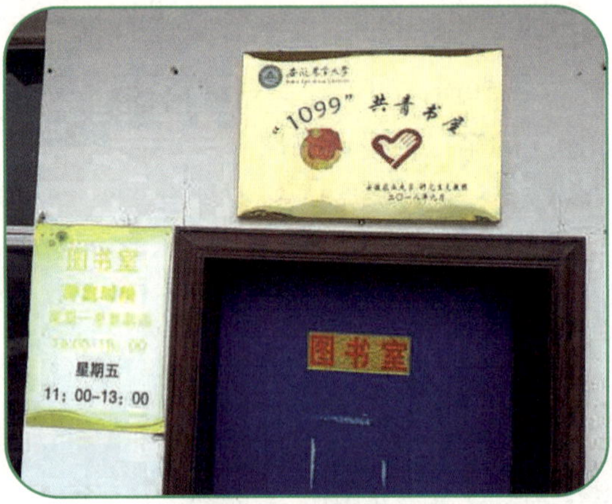

安徽农业大学研究生支教团“1099”共青书屋
在河坝中学挂牌

在图书捐赠仪式上，安徽农业大学研究生支教团队长为书屋进行了挂牌，河坝中学校长为各班学生代表发放了图书。孩子们手捧图书，脸上洋溢着快乐的笑容。

普希金说：“人的影响短暂而微弱，书的影响则广泛而深远。”研究生支教团成员希望这些图书能让孩子们走进不一样的世界。

当“自律协会”遇见世界粮食日

——河坝镇初级中学首个学生社团成立

中国廉政建设网2018年10月18日讯（记者　王忠厚　通讯员　王志伟）“谁知盘中餐，粒粒皆辛苦”，勤俭节约是中华民族传统美德。中学正是养成良好行为习惯的关键时期，但通过观察发现，食堂的泔水桶总是满满当当，零食代替了主食……为培养孩子们节约意识，改善不良饮食习惯的现状，增强学生的自律意识，10月16日，安徽农业大学研究生支教团组建成立河坝中学首个学生社团——贵州省河坝镇初级中学自律协会（以下简称“自律协会”）。

河坝中学自律协会成立仪式

自律协会由共青团河坝镇初级中学委员会领导，受河坝中学全体师生监督。作为普通学生和学校之间沟通的桥梁，通过开展光盘行动、监督课间操和眼保健操、图书室整理、校园卫生环境整治等活动，端正学生日常行为规范，培养学生养成良好行为习惯。

10月16日是第39个世界粮食日，自律协会以此为契机，开展首个活动——光盘行动，强化学生爱粮惜粮意识，让一批自律意识强的同学带动自律意识薄弱的同学，养成“吃多少，盛多少”的好习惯，达到提高全体学生节约粮食的目的。

河坝中学自律协会全体成员佩戴袖标合影

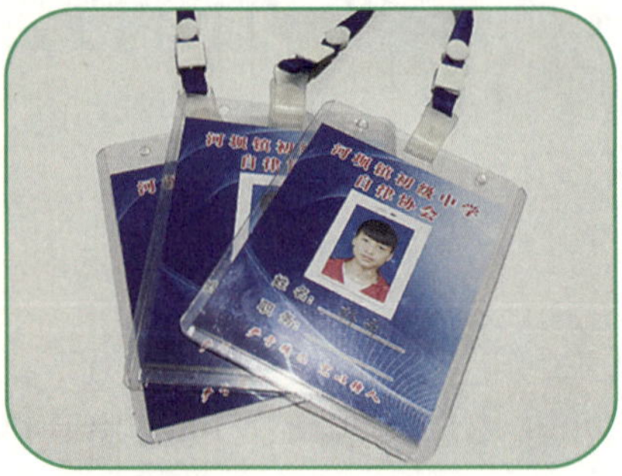

河坝中学自律协会成员监督工作证

“历览前贤国与家，成由勤俭败由奢。”餐桌文明体现着尊重劳动、珍惜粮食、勤俭节约的中华民族传统美德。我们见证了它的开始，但我们不希望看到它的结束，因为光盘行动所倡导的勤俭节约，是一场没有时间节点的战役。自律只有开始，只有持续，没有结束。

自律协会成员在世界粮食日开展光盘行动文明倡议活动方案起草

春晖映晚晴 重阳敬老行

——安徽农业大学研究生支教团走进敬老院

中国廉政建设网2018年10月19日讯（记者 王忠厚 通讯员 王志伟） “所谓父母子女一场，只不过意味着，你和他的缘分就是今生今世不断地目送他的背影渐行渐远。你站立在小路的这一端，看着他逐渐消失在小路转弯的地方，而且他用背影默默告诉你，不必追。”

10月17日，农历九月初九，是中华民族传统的节日——重阳节。为传承中华民族敬老、爱老的优良美德，给敬老院老人过一个幸福、特别的重阳节，安徽农业大学研究生支教团在贵州省河坝镇敬老院开展“春晖映晚晴 重阳敬老行”走进敬老院活动，倾听老年人心声，了解老年人的期盼，关心老年人的生活，帮助老年人解决实际困难。

安徽农业大学研究生支教团成员给老人修剪指甲

安徽农业大学研究生支教团在“扶贫日”表演了诗朗诵《脱贫攻坚 毅往黔行》

今年的重阳节恰逢“扶贫日”，为有效将脱贫攻坚与关爱老人相结合，表达对脱贫攻坚一线干部们的崇高敬意，研究生支教团深情地表演了诗朗诵《脱贫攻坚　毅往黔行》。

安徽农业大学研究生支教团在重阳节看望老人

紧接着，研究生支教团成员走进敬老院开展了志愿服务活动。成员们帮助老人们剪指甲、捶背、打扫卫生，孩子们还给老人们展示了平日里他们在学校里练习的体操，让老人们在敬老院里也感受到了孩子们的生机和活力。

孩子们给老人们展示了平日里他们在学校里练习的体操

研究生支教团成员带领河坝中学的同学们开始了他们的第二个活动——包饺子。活动井然有序地进行着，和馅的、包饺子的、煮饺子的，一双双大手、小手不停地忙碌着。很快，一盘盘形态各异的饺子被送进厨房，十多分钟后，一碗碗热气腾腾的饺子送到了老人桌前。看着老人们吃饺子时脸上洋溢着的灿烂笑容，一切都是值得的。

研究生支教团成员带领孩子们给老人们包饺子

“老吾老以及人之老，幼吾幼以及人之幼”，人到暮年，本该承欢膝下，过着无忧无虑的日子，颐养天年，然而有这样一群老人，他们没有儿女，没有生活来源，没有享受到节日热闹的氛围，形单影只，孤身一人。研究生支教团希望他们的慰问能让敬老院的老人们感受到亲情的温暖，让他们这个冬天不再寒冷。

敬老院的老人们

在石阡的日子

《贵州民族报》2018年10月22日（作者 姚瑾凡） 2017年7月28日，怀里还揣着团中央热情洋溢的号召，耳边还听着父母细细碎碎的嘱咐，双脚便踏上了向石阡进发的路途。那一路，除了山，还是山，终于在日落之前抵达县城。

这或许是我青春里最值得铭记的一天。而这一天，也终被往后那些无悔的记忆证实，是我成长路上最为重要的一天。

石阡的生活环境与平原地区有着很大的区别。语言不通、抬水、吃辣子、水土不服、蚊虫过敏……短短几天的时间便让我深切地体会到生活不易。而初为人师，为上好课更是绞尽脑汁、喉咙说哑、手臂酸痛……正如那首歌所唱：那一支粉笔，画出的是彩虹，洒下的是泪滴。

“知之真切笃实处方为行”，这是石阡给我带来的第一课。独立，这是我置身校园徜徉书海时，多么向往的词，可当学校老师前来看望，离别之际我噙满泪水，我才明白，真正的独立并非不畏惧，而是在体会艰难之后，不辜负期望的决心。

而这生活的艰辛，远比我想象的多。

石阡县是国家有名的贫困县，唯一能够发展的便是当地苔茶。当我和政府人员一起投入苔茶脱贫发展的工作中，我才看到了这其中寄托的感情。

我看到贫困户，因贫穷而无力的艰辛；我看到基层脱贫干部带领村民，种上满山的苔茶树，望着那碧绿的颜色而期待的眼神；我看到留守儿童因忍不住的思念父母而泪汪汪的眼睛，看到他们用稚嫩的笔迹写下：好想让村里的苔茶树长出金子，这样你们就能回来陪我了。

那一刻的我生出想为他们做些什么的强烈渴望，继而是丝丝怅然。求学十余载，“达则兼济天下”“位卑未敢忘忧国”是那些洋洋洒洒的文字中无数知识分子不悔的情怀，而这情怀究竟是什么呢？

是初来乍到，胡老师想着各种办法帮我修门锁，窗外的大雨瓢泼，他的满头大汗；

是给留守儿童过生日时，我一路小跑着赶到学校，孩子们看到蛋糕，欢呼雀跃的笑容；是我作为石阡苔茶形象大使在广州全国茶叶博览会上推介石阡苔茶时，心中强烈的自豪感；是教师节，马博意从怀里拿出一块小石头对着我说："姚老师，这是我在路上捡的'宝石'，祝你节日快乐。"是孩子们一次一次小心翼翼又满怀期待的询问："姚老师，你可不可以不走？"

石阡告诉我，这一份情怀叫作担当，而这份担当不在文字里，也不在宏图大志中，是在想为别人做些什么的渴望和能为别人做些什么的幸福里。

而当这日日的幸福成为习惯，便在这平凡的生活中酝酿了一份纯真的宝藏。

有一天，我改完作业后出门散步，遇上一个学生，他便黏着我一起，说着一些班上的趣事。

"姚老师，前几天你去贵阳了吗？"

"是啊。"

"你知道吗？吓死我们了！我们还以为你不回来了呢！"

我的脑海中突然想起那天我去班上时，孩子们的欢呼雀跃，心里很不是滋味。

"我……"

我欲言又止的瞬间是多想像小时候爸妈安慰我那样告诉他，不会的，别瞎想，我怎么会离开你呢！但却未能说出口。

离别的前一天给孩子们上最后一节课——大学生活，他们之前就很期待，我精心准备放了很多精彩的活动照片，想让气氛更轻松一些。

出乎我意料的是，孩子们全都哭了。

我告诉他们我不是离开，而是用另一种方式陪他们一起学习，并要求他们，不可以再哭了。可他们反而哭得越来越低沉，那全班静成一片，压抑住自己不哭出声音来的抽搐，几乎是把我的心都击碎了……

无论是我的欲言又止还是我用力忍住的眼泪，都清晰地告诉我，此刻不再是他们舍不得我，而是我从心里舍不得他们。

这是生活所孕育的真挚的感情。不管是我的学生还是老乡，我自知才疏学浅，但他们却一直用真挚的热情，用最好的一切来关怀我。我想无论以后遇到什么困难，我都会想起贵州的日子，想起这些善良淳朴的人们，想起这些纯真的感情，这都会给予我无穷的动力。

走的那天早晨，六点，我刚出校门，便远远跑来一个孩子，"姚老师，给您！"便把怀里捂着的一包粽子递给了我。这个孩子昨天就问过我，"姚老师，您走之前可以到我家来吃个早餐吗?”我说可能赶不及了。他便和妈妈一起五点钟就在门口远远地等着我出来……

列车飞驰而过，那些张开怀抱的山脉也渐渐松开手臂，直至模糊在泪眼中再也不见。五峰为笔，龙川为墨，再难描绘的是曾经的石阡模样，而我在那里度过的日子却是青春中最重要的一段。

“志不立，天下无可成之事。”一年黔行之旅，似知行合一的淳淳教导相伴相依，让我领悟独立、担当和真挚的真谛，让我明确求学奋斗的目标，也让我在人生未来的历程中更加坚定。

安徽农业大学研究生支教团
开展“我与改革共奋进”主题征文比赛

中国廉政建设网2018年10月30日讯（记者　王忠厚　通讯员　王志伟）　为了纪念和回顾改革开放40年来取得的伟大成就，充分展示新时代贵州青年坚定信念、奋发有为的良好精神风貌，根据中央、省委等有关部署要求及上级文件精神，安徽农业大学研究生支教团成员在贵州省河坝镇初级中学开展了“我与改革共奋进”主题征文比赛。

活动要求各班积极组织学生结合生活实际创作文章，以“我眼中改革开放40年”的亲历、亲见、亲闻之事，生动描述贵州经济社会迅猛发展，城乡建设发生的翻天覆地变化以及扶贫大军进村后河坝镇的变化等，展现对党的感激之情和感恩之心，展现战胜贫困的坚定信心和奋进状态，营造点赞改革发展、投身家乡建设的良好氛围。

“我与改革共奋进”主题征文比赛的海报

研究生支教团成员在语文组老师带领下参与征文评审

从前期宣传到组织各班参加，再到后期评选，本着公平、公正、公开的原则，研究生支教团成员全程参与其中，经过和语文组老师共同的评审，最终评选出一等奖、二等奖、三等奖以及优秀奖共48名同学。

校领导给获奖学生颁奖

大手拉小手，脱贫快步走。本次征文比赛锻炼了同学们的写作能力，让同学们懂得感悟生活、体会生活，在紧紧围绕改革开放的主题下，大力传播改革开放和社会主义现代化建设取得的历史性成就、贵州经济社会发展取得的历史性跨越，团结引导了广大青年感恩党、听党话、跟党走，为决战脱贫攻坚、决胜同步小康、奋力开创多彩贵州新未来贡献青春力量。

让世界倾听你的声音

——贵州河坝镇初级中学“校园之声”广播站正式成立

中国廉政建设网2018年10月30日讯（记者　王忠厚　通讯员　王志伟）　2018年10月，安徽农业大学研究生支教团在贵州省河坝镇初级中学组建成立了“校园之声”广播站。本着“一切工作为学生服务”的宗旨，广播站负责宣传学校文件、校园内最新动态，让学生在学习之余了解时事动态，开拓学生的视野，丰富校园文化生活。

“这里是河坝中学校园之声……”每天下午五点半同学们耳畔都会想起这熟悉的声音。《时政热点》《历史上的今天》《校园风景》《每日英语》等栏目受到了广大师生的热烈欢迎。《青年之声》播报学生优秀作文以及学生、老师的投稿；《文化之旅》给全校师生普及中华各民族的民俗特色、历史传说、文化特征等民族文化；通过《点歌台》，给学生和老师点歌送祝福……

风声雨声读书声，声声入耳；家事国事天下事，事事关心。“校园之声”广播站是学校一个重要的文化宣传阵地，是让学生学好普通话，了解时政热点等的有效平台。今后，校园广播站将在现有基础上开拓创新，以喜闻乐见的形式，让学生们在潜移默化中受教育，在学习中快乐成长。

研究生支教团成员对广播站成员进行培训

广播站成员正在播音

安徽农业大学研究生支教团温暖石阡

《安徽青年报》2017年1月6日（记者　秦晗　阮熹晟）　近日，在贵州省石阡县服务的安徽农业大学研究生支教团志愿者们迎来了一批充满温暖的“客人”——远在安徽省的母校募捐来的106个包裹，这是又一年“暖冬行动”的见证。

2016年11月底以来，安徽农业大学研究生支教团相继在花桥小学和花桥镇凯镇村开展了“暖冬行动”活动，受到了学校和村民们的一致好评。为帮助更多需要帮助的石阡县学生和贫困村民，安徽农业大学研究生支教团的志愿者们向社会、向母校第三次发起“让这个冬天不再寒冷”的募捐活动。活动得到了母校和各界的积极响应，汇聚了巨大的爱的力量。

12月23日，106个爱心包裹到达了志愿者们的住处，志愿者们立即进行了拆包、分类，在这过程中，志愿者们很激动，甚至湿润了眼角。安徽农业大学一位女教师购买的40个书包、同学们写给学生们的信、给学生买的文具和牙刷，还有各种御寒的厚实服装等，在这个寒冷的冬天给石阡县人民带去了温暖。经统计，爱心物资中包含书包50个、牙刷160把、铅笔和中性笔3800余支、学生作业本2000余本、橡皮2盒、水杯20个、手套20副、各式服装300余套……价值1.5万元。

在收到爱心包裹后，安徽农业大学研究生支教团志愿者们主动与石阡县花桥镇团委书记陈雷联系，确定了在花桥村开展帮扶活动的安排。12月26日至27日，对花桥村五十多户贫困村民进行了帮扶，将一批冬装送到了他们手中。一位因病卧床的奶奶激动地说：“谢谢大家还惦记着我这个老太太。”

“一年石阡行，一世石阡情”是安徽农业大学研究生支教团每位志愿者的心声。他们在完成自身教书育人工作的同时，还积极参与团石阡县委组织的各类志愿服务、爱心帮扶活动，努力在一年的时间里为石阡县的经济、社会发展做出更大的贡献。

据悉，今年是安徽农业大学研究生支教团在石阡服务的第三年，也是连续开展“暖冬行动”的第三年。三年间，为汤山中学、白沙镇化塘小学、花桥小学和花桥镇村民等募捐善款与物资达4.8万元。

安徽农业大学研究生支教团开展禁毒宣传为花季护航

中国青年网北京2018年11月28日电（记者　刘喆　通讯员　王志伟　梁梦琦　张文娟）　为进一步提高青少年抵御毒品的能力和参与禁毒斗争的意识，近日，安徽农业大学研究生支教团贵州省石阡县以“依法禁毒，构建和谐”为主题开展了系列禁毒教育活动。活动主要以校园广播、国旗下讲话、法制讲座、召开主题班会等形式进行，让学生们认识到毒品的危害性，为他们的健康成长护航。

安徽农业大学研究生支教团成员在课堂上给学生们讲解毒品的危害

11月24日，研究生支教团开展“小手拉大手”活动，让学生把学到的禁毒法的知识向身边的人们进行宣传，充分发挥学生对社会的辐射作用，实现“教育一个孩子，影响一个家庭，带动整个社会”的目的。

11月26日，研究生支教团成员在河坝中学举行国旗下讲话，组织学生开展禁毒知识讲座。庄严的国旗下，全校师生庄严宣誓：珍爱生命，远离毒品，与毒品坚决做斗争！要遵纪守法，抵制诱惑，远离毒品，积极与毒品罪犯做斗争！

安徽农业大学研究生支教团走进学生家里讲解毒品的危害

同一天，研究生支教团成员在河坝中学七（3）班开展“远离毒品珍爱生命”的主题班会，告诉同学们什么是毒品、毒品的危害以及遇到毒品该怎么办等禁毒知识，让同学们提高警惕，远离毒品。

安徽农业大学研究生支教团成员在河坝中学的升旗仪式上
进行国旗下讲话，宣传禁毒知识

安徽农业大学研究生支教团参与石阡县河坝镇脱贫攻坚行动

中国廉政建设网2018年11月29日讯（记者　王忠厚　通讯员　程茜　梁梦琦）为打赢脱贫攻坚这场硬仗，安徽农业大学研究生支教团成员主动深入贵州省河坝镇农村基层一线，了解民俗风情，发挥青年志愿者在脱贫攻坚中的主力军作用。

安徽农业大学研究生支教团成员帮助贫困户做一些力所能及的事情，美化居住环境

“扶贫先扶智，治贫先治愚”，研究生支教团成员利用每周的空闲时间跟随包组干部走进建档立卡贫困户家中，给他们带去帮扶政策，带领他们学习知识技能，引导他们发扬自力更生精神，靠自己的努力改变命运。走访中，研究生支教团成员还了解他们的生活所需，帮助做一些力所能及的事情。

当前脱贫攻坚工作迫在眉睫，脱贫致富贵在立志，只要有志气、有信心，就没有迈不过去的坎。安徽农业大学研究生支教团成员始终牢记使命，积极投身于脱贫攻坚工作，为河坝镇脱贫摘帽贡献青春力量。

安徽农业大学研究生支教团成员走入建档立卡
学生家中，了解学生家庭情况

预防艾滋病，从小做起

中国廉政建设网2018年12月4日讯（记者　王忠厚　通讯员　梁梦琦　程茜）　为宣传艾滋病防控知识，帮助留守儿童从小树立正确的健康生活理念，提高自我保护意识，12月1日，在第31个“世界艾滋病日”到来之际，安徽农业大学研究生支教团在贵州省石阡县河坝镇普兴村举办“爱心公益课堂”，开展了一次预防艾滋病宣传教育活动。

安徽农业大学研究生支教团成员普及艾滋病的基本知识

活动中，研究生支教团成员普及艾滋病的基本知识，详细讲解了艾滋病传播途径及临床表现，要求学生坚持洁身自爱，爱护私人用品卫生等，远离艾滋，预防艾滋。

此次活动的开展，提高了学生对艾滋病的认识及重视，消除学生对艾滋病患的误解，倡导学生从小养成健康文明的生活方式，增强留守儿童的健康意识。

法制精神入人心 脱贫攻坚夜校进行时

中国廉政建设网2018年12月5日讯（记者　王忠厚　通讯员　王志伟　张文娟）在全国法制宣传日来临之际，按照党中央关于开展法制宣传教育决议的要求，为了更好地营造尊宪、学宪、守宪的新风尚，增强广大人民群众的法制观念，12月4日，安徽农业大学研究生支教团在贵州省河坝镇普兴村脱贫攻坚夜校开展宪法宣传活动。

活动中，研究生支教团成员普及了与人民群众生产生活密切相关的法律法规，通过互动和答疑解难，让村民意识到宪法与之生活息息相关，引导党员干部自觉提高法制观念，增强群众宪法意识、爱国意识、国家安全统一意识、民主法制观念，提高运用法律维护自身合法权益的能力。

通过此次法制宣传活动，研究生支教团成员表示随着普法教育的深入，依法治理工作全面展开，我国法律制度为推进依法治国进程，维护社会稳定，促进经济发展和社会全面进步发挥了积极重要的作用。

安徽农业大学研究生支教团开展宪法宣传活动，与村民互动和答疑解难

安徽农业大学研究生支教团在河坝镇普兴村脱贫攻坚夜校开展宪法宣传活动

安徽农业大学研究生支教团送教上门，关爱每一个孩子的明天

中国廉政建设网 2018 年 12 月 27 日讯（记者　王忠厚　通讯员　王志伟　张文娟）　为了加强教学的有效性和延续性，进一步促进教育公平，扎实推进教育扶贫，切实保障残障儿童受教育的权利，安徽农业大学研究生支教团（以下简称“研究生支教团”）在贵州省铜仁市石阡县河坝镇开展送教上门活动，关爱每一个孩子的明天。

12 月 23 日，研究生支教团成员来到饶子微家中开展送教上门活动。早上八点钟，研究生支教团成员拎着小子微喜欢吃的蛋糕，踏着沙沙作响的落叶前往小子微的家中，这已经是研究生支教团成员的日常——每个月都利用半天时间陪着小子微，教她认识拼音，和她玩耍。这次小子微一看见研究生支教团成员便露出了笑容，像冬日的暖阳，照在研究生支教团成员的脸上和心坎上。研究生支教团成员根据孩子的基本情况制订送教方案，利用动画课堂对孩子进行语言训练，小子微表现出了强烈的求知欲，令人欣喜。

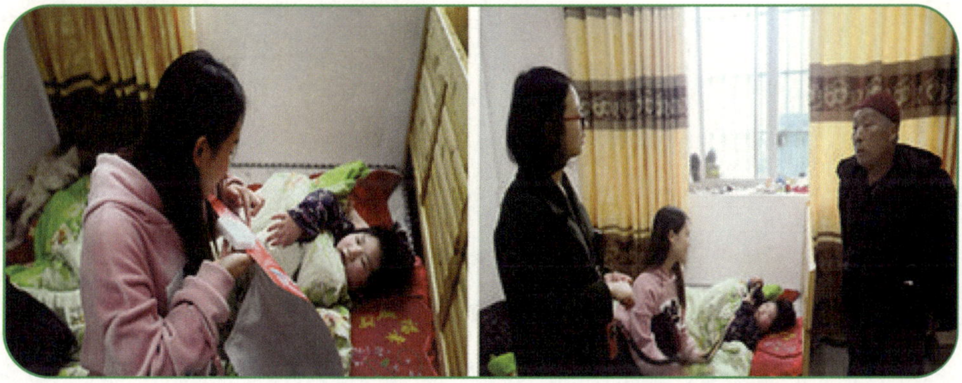

研究生支教团成员教小子微认识拼音以及和小子微爷爷交流了解小子微近期情况

12月26日，研究生支教团成员来到王佳维家中开展送教上门活动。还没走进门，王佳维就赶忙上前迎接老师说："老师好！"还主动给研究生支教团成员展示刚学会写的汉字。活动中，研究生支教团成员又教王佳维学习新的简单汉字、阿拉伯数字等。看到王佳维一点点的进步，研究生支教团成员表示会尽最大努力，让王佳维学习更多知识，拥有更精彩的人生。

送教上门是一项非常有意义的活动，研究生支教团成员表示，一定向特校老师好好学习，探索、完善送教工作，为残障儿童送去最温暖的服务，让他们的明天变得更美好。

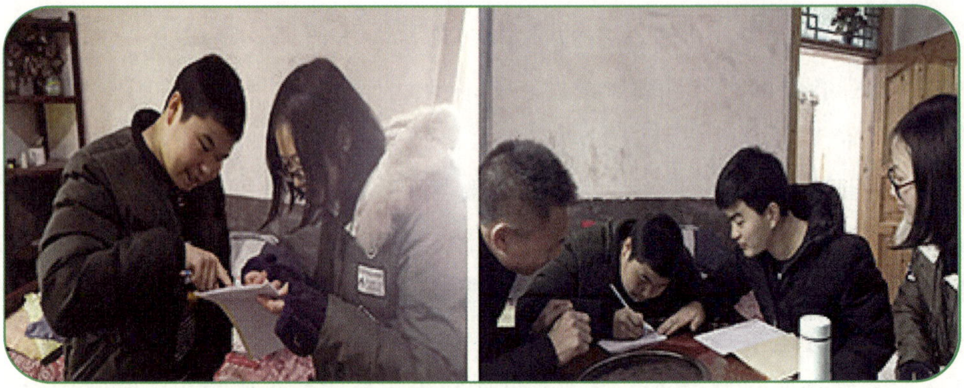

王佳维主动向研究生支教团成员展示新学会的汉字

安徽农业大学研究生支教团开展“脱贫攻坚青年先锋大讲习”活动

中国廉政建设网2018年12月19日讯（记者 王忠厚 通讯员 王志伟 张文娟） 为深入贯彻落实习近平“7·2”重要讲话精神、贵州省委十二届三次全会精神、全省宣传思想工作会议精神，广泛组织动员广大青年在深化改革开放、促进经济社会发展中充分发挥生力军作用，感召和影响广大人民群众，进一步激发贫困群众脱贫攻坚内生动力，引导贫困群众用辛勤劳作实现脱贫致富，安徽农业大学研究生支教团成员作为省级脱贫攻坚青年先锋讲习员，在贵州省铜仁市石阡县河坝镇普兴村脱贫攻坚夜校进行宣讲，宣讲主题为“牢记嘱托 感恩奋进·脱贫攻坚青年先锋大讲习”。从1840年鸦片战争打开中国的大门，中国开始沦为半殖民地半封建社会，丧失独立自主的地位到2020年中国全面脱贫摘帽，全面建成小康社会，从衣食住行等与人民群众生活息息相关的方

研究生支教团成员作为省级讲习员进行宣讲

面介绍这些年尤其是改革开放40年以来发生的突变，引发人们群众深思美好生活来之不易。通过展现贫困地区群众通过自身努力改变贫困落后面貌的鲜活事例，围绕就业创业、志愿服务等方面，讲解了在脱贫攻坚中带领群众脱贫致富的工作方法和成功经验，给广大人民群众和扶贫干部带来了一场别开生面的宣讲。

村民认真聆听研究生支教团成员宣讲

通过本次宣讲，村民们深深感受到了国家对贵州地区的关注和驻村干部对人民群众无微不至的关心，坚定了摆脱贫困的决心，增强了“我要脱贫、我能脱贫”的信心，激发了人民群众的脱贫内生动力。

不忘初心跟党走，凝心聚力助脱贫

——安徽农业大学研究生支教团助力“送文艺下乡演出”

安农青年2018年12月7日　为丰富和活跃人民群众的文化生活，营造团结健康、欢乐祥和气氛，提醒人民时刻响应党的号召，12月5日晚在河坝镇坪中村开展“不忘初心跟党走，凝心聚力助脱贫”文艺汇演，安徽农业大学研究生支教团从前期写主持串词、搭建舞台、控制舞台音响灯光到主持汇演、参加汇演等台前幕后工作全程参与。

文艺汇演现场

此次文艺下乡汇演活动由河坝镇委员会、河坝镇人民政府主办，河坝镇教办、河坝镇文化站承办，各村文体队伍和幼儿园、中小学出节目组成，研究生支教团的诗朗诵《脱贫攻坚　毅往黔行》更是将驻村干部的献身精神展现得淋漓尽致。“从此，山山洼洼涌进了扶贫大军，给贫困的人群送去了温暖，老人们说，当年的红军回来了”引起了群众的热烈高呼。

通过此次文艺下乡活动，进一步激发了人民群众热爱祖国之情，加强了农村精神文明建设，推动了农村文化事业全面发展。脱贫攻坚，致富路上，你我同行，毅往黔行。

文艺下乡演出现场

省志愿者行动指导中心来阡督导调研

石阡县团县委 2018 年 9 月 14 日　9 月 14 日，团省委青年志愿者脱贫攻坚夜校领导小组办公室主任、省志愿者行动指导中心主任邓守成一行人来到我县，就西部计划和青年志愿者脱贫攻坚夜校工作进行督导调研。

在石阡县“青年之家·石阡总店”，邓守成与全体西部计划志愿者、研究生支教团围坐在一起交流座谈，了解大家日常工作、生活、学习等方面情况。会上，团县委负责人还详细介绍了我县西部计划工作开展情况，国荣乡团委负责人就青年志愿者脱贫攻坚夜校工作做了工作汇报。

在听取了大家的发言后，邓守成肯定了石阡县的志愿服务和脱贫攻坚夜校工作，对志愿者扎根基层、建功基层、努力工作、奉献自己的精神表示了肯定，同时也对大家提出了要求。他强调，全体志愿者要加强学习，始终把加强学习作为首要任务，努力提高自身的综合素质；要扎实工作，要有责任担当意识，把各项工作做细做实；要锤炼品质，在工作中磨炼顽强的斗志，培养吃苦的精神，提高个人良好品质；要提升自我，在工作中注重总结和思考，在总结中提炼，在提炼中升华，不断实现自我提升。

最后，在中秋即将来临之际，邓守成还向全体志愿者送上了中秋祝福。

邓守成与全体志愿者、支教团交流座谈

安徽农业大学走进贵州石阡县架起爱心帮扶友谊桥梁

中国青年网北京2019年5月29日电（记者　李川　通讯员　邵大伟　谭晓琳）　为深入了解安徽农业大学派驻贵州省铜仁市石阡县研究生支教团生活工作情况，帮扶石阡县贫困学子，解决石阡县茶产业发展瓶颈，5月23日至24日，安徽农业大学党委副书记裴树东率队到石阡县看望慰问研究生支教团，并召开座谈会。石阡县人大常委会副主任王刚强、石阡县副县长石凌燕及共青团石阡县委、相关乡镇负责人、安徽农业大学第二十届研究生支教团参加了座谈。

安徽农业大学慰问组在石阡县河坝镇普兴村参观研究生支教团
开办的"四点半公益课堂"

慰问组一行来到石阡县河坝镇普兴村四点半公益课堂、春晖感恩教育基地、敬老院、春晖爱心超市，实地查看支教团成员的工作场所。随后，前往河坝中学支教点，详细了解研究生支教团成员的工作、学习、生活等情况，并召开了座谈会。

座谈会上，安徽农业大学慰问组为河坝中学10位品学兼优的贫困生发放了爱心物资。支教团成员分别汇报了近一年来在教育教学、扶贫济困、脱贫攻坚、项目创新等方面的工作情况及成长收获。

安徽农业大学慰问组为河坝中学品学兼优的贫困生发放爱心物资

安徽农业大学慰问组赴河坝中学看望慰问研究生支教团并召开座谈会

裴树东肯定了支教团一年来的工作成绩，并对石阡县长期以来对研究生支教团的关心支持表示感谢，并表示安徽农业大学将继续派驻优秀的研究生支教团志愿者，一如既往扎实地开展石阡县的教育帮扶活动。希望支教团牢记安农“团结、勤奋、求实、创新”的校训，虚心求教、勇于探索、乐于奉献，积极践行“奉献、友爱、互助、进步”的志愿者精神，为石阡脱贫攻坚、乡村振兴贡献力量。

安徽农业大学胡绍德教授在龙塘镇大屯开展茶叶实地种植培训

裴树东一行还实地考察了石阡县龙塘镇大屯兆丰茶叶专业合作社大宗茶加工厂。安徽农业大学茶学专家胡绍德教授为龙塘镇部分村干部、茶企代表及茶农开展为期一天的茶园绿色防控技术培训会。培训会期间，裴树东一行还前往石阡县坪地场乡和平村四方井组、印江县杨柳镇大兴村沙子坳组慰问本校困难家庭，并送去慰问金。

安徽农业大学慰问组慰问石阡籍在读安徽农业大学困难学生家庭，并送去慰问金

据悉，自2015年以来，安徽农业大学已选拔5届17人次派遣到石阡县进行支教服务。第六届研究生支教团将于8月初到石阡开展为期一年的支教工作，继续为石阡的文化和经济发展做出新的贡献。

安徽农业大学慰问组成员与研究生支教团队员、石阡县相关负责人、河坝中学师生合影留念

安徽农业大学首届研究生支教团西部支教点亮青春底色

安徽省教育厅2014年12月19日（记者　冯峰　特约通讯员　曹雷）　5个月前，安徽农业大学朱存玺、郭棒、李然3位同学参加团中央、教育部派出的中国青年志愿者第十六届研究生支教团，前往贵州省铜仁市石阡县汤山中学开始了为期一年的支教生活，他们也是安徽农业大学首批研究生支教团的成员。近半年的时间里，3位同学克服困难、坚韧不拔、追求卓越，充分发挥自己的学识和才智，在平凡的工作岗位上用无私的奉献点亮青春底色。

做一次选择，让青春无悔

选择不是一件容易的事情，对于家境贫寒的朱存玺尤为如此。去年10月，学校下发了关于遴选首届研究生支教团的通知后，朱存玺主动申请，通过自己的选择确定了人生方向。选择去支教的原因并不复杂，作为一名家庭经济困难学生，在校期间，朱存玺享受到国家一系列的资助政策，通过助学贷款解决了学费问题，通过国家助学金缓解了生活费的压力。有了这些政策的帮助，他更加努力，两次获得国家励志奖学金、专业一等奖学金和校级“三好学生”，还曾经担任工学院学生会主席，在校期间参加过很多的志愿服务活动。他说：“在我最困难的时候，是国家的资助政策帮助了我，现在，到了我回报的时候了。”

然而，事情并没有想象的那么顺利。一开始家人就提出了反对，理由是石阡县遥远偏僻、交通不便，学校派学生到此地支教又没有先例，他们十分担心。几个要好的同学也纷纷劝他打退堂鼓，“凭你学生会主席的经历，在合肥肯定能找到理想的工作！”的确，在之前的校园招聘会上，好几家企业向他抛出了橄榄枝。朱存玺一度陷入了纠结。深思熟虑后，他还是取得了家人的理解，并通过竞争成为一名光荣的研究生支教团成员，还担任了团长。“现在，青春是用来奋斗的；将来，青春是用来回忆的。我要做一次让青春无悔的选择。”在出发前的座谈会上，朱存玺的发言坚定有力。

和朱存玺一样，经济管理学院的郭棒、李然也用自己的方式诠释着选择的意义，“去西部，用手触摸、用脚丈量，用一年的时间做一件终生难忘的事！我们坚信自己的选择”。

树一种形象，为安农争光

今年7月，历经30多个小时的火车，1000多公里的路程，支教团终于踏上了贵州石阡的土地。“我们从安徽农业大学而来，为了支教而来！”在简短的欢迎仪式上，支教团成员信心满满。毕竟，在成为支教团的一员后的大半年时间内，他们接受了一系列的业务培训，还担任了校团委工作助理。

对于支教，他们曾有过很多宏大的设想，很轰轰烈烈的那种。但摆在面前的，是重复而忙碌的生活：早晨从六点起床，开始备课、讲课、批改作业、各类行政事务，等等，有时候一直要忙到第二天凌晨才能休息。课堂上，他们通过图文并茂的讲解和贴近生活的实例，激发了学生们的学习兴趣；课堂外，他们不厌其烦地回答学生们提出的各种问题，拓宽学生的知识面。

3位同学的努力被学校领导看在眼里、记在心上，并逐渐给了他们更多的机会，参与学校党团工作、参与建立学校仪仗队、撰写《家庭教育、学校教育和社会教育有机结合》调研报告、代表学校参加教学交流公开课、演讲比赛、体育比赛……汤山中学的器重让志愿者们更加坚定了自己的选择。

今年9月10日，几位同学迎来了人生的第一个教师节，看到办公桌上孩子们亲手制作的一件件小礼物，他们热泪盈眶，所有的辛苦和疲劳顿时融化在温馨之中。“到现在，我的心里还留存着莫大的感动。我们一定不辜负这里师生的信任，为安农人争光！”李然动情地说。

“能吃苦，会干事，很阳光，有责任感。”汤山中学校长周再冲的评价让他们备受鼓舞。

建一种联系，使校地共赢

石阡县是全国贫困县，如何整合资源，做一些力所能及的帮扶，是3位同学一直思考的问题。支教之余，他们通过走访、调查，了解到受经济困难的影响，当地很多学校基础设施较差，缺少课外书籍、文具。一个助学帮扶计划在3位同学的脑海中逐步显现。于是，他们主动与学校团委联系，多次沟通想法。今年11月份，经过精心筹备，安徽农业大学党委副书记李恩年一行来到汤山中学，援建一个“共青书屋”，首期捐赠500本图书，还为该中学7名贫困生颁发了助学金。

联系的长效机制已经启动，帮扶仍在继续，支教团成员又将目光锁定了石阡县白沙镇化塘小学。这里教学设施简陋、教学资源匮乏、学生学习环境艰苦。经过支教团成员实地的走访调研，一篇以《这个冬天不再寒冷》为题的倡议书，在校团委微信等新媒体上刊登，引起广泛关注。青年志愿者联合会、爱心社等学生组织积极行动起来，学校广大师生纷纷慷慨解囊，短短几天捐赠价值数千元的衣物、文具、图书等，及时给孩子们送去了温暖。改变在不断的发生，经过支教团成员的争取，平安财产保险公司江苏分公司也捐献了价值可观的衣物、书籍和文具。

“石阡是我的第二故乡，我们会按照学校的要求，和接续而来的志愿者们一道，将石阡作为学校志愿服务的基地，架起校地联系的桥梁。”在学校领导到石阡看望慰问支教团成员的座谈会上，团长朱存玺的表态代表着大家的共同愿望。